日本で成功する秘密

―ゼロから成功したインド人―

アイ・エム・チュガーニ

青山ライフ出版

◎はじめに

私は1974年1月、初めて日本の土を踏みました。インドの企業の日本支社で働くことになったためです。

私はインドのチェンナイで生まれ育ち、大学を卒業したばかりの23歳。インドを出国する際に当時インドで許可されていた5ドルを日本に来る途中で使ってしまい、大阪の伊丹空港に着いた時にはほとんど無一文でした。無一文というより、日本に来る途中、香港で寒い日本の冬用の背広を何着か作り、その費用は香港支社に前借りしていたので、実際はマイナスからのスタートでした。

来日した私は日本支社が置かれていた横浜で働くことになりました。仕事の内容は貿易です。日本の大手電気製品メーカーや雑貨関係の会社と取り引きをする中で学んだのは、日本ならではのビジネスの流儀でした。日本人の仕事のやり方を尊重して、それになじみ、ときにはお酒を酌み交わしながら腹を割って語り合うことで、信頼関係を築いていきました。

そして、1986年に34歳で独立。GMC JAPAN LTD.という会社を設立しました。それからも日本でビジネスに励み、苦労と喜びのどちらもたくさん味わいました。そして68歳を迎えた今、本を書くことを決意したのです。

私が思うに、来日して起業するインド人が1000人いたとしたら、そのうち成功できる人は恐らくわずか5~6人に過ぎません。私が日本に来て40数年。どうやって苦労や困難を乗り越えてきたのか。それを次の世代の人たちに伝えたい。それがこの本を書いた動機です。

この本を日本人が読んでくれたら、「外国人でも努力をすれば、日本でこのように成功できるのだ。それならば自分にもできるかもしれない」と思ってもらえるかもしれません。

一方、インド人をはじめ外国人にとっては、どうすれば日本で成功できるかを学ぶためのテキストになることでしょう。

本書では、私のビジネスマンとしての歩みと、そこから得た成功のための心得のほか、東日本大震災時に行なったボランティア活動やチャリティ、さらに人が定年後にどう生きるべきかについての考察も綴っています。

そうした私の経験が、読んでくださる方々にとって何らかのヒントや気づきになることがあるならば、私にとってそれに勝る喜びはありません。

目次

第4章　定年後の楽しみ方……115

●ビジネス成功のヒント

① 外国人の起業家が日本のビジネスマンと信頼関係を築くにはどうすればよいのか？
↓ （84ページ）

② 起業家は自分自身に課す営業ノルマのストレスをどうやって減らしているのか？
↓ （89ページ）

③ 人は過去に終わったことをなぜずっと考えているのか？
↓ （90ページ）

④ 外国人の多くが日本で成功できず、あきらめて自分の国に帰ってしまうのはなぜか？
↓ （91ページ）

⑤　どうやって自分の失敗から学ぶのか？

↓　（92ページ）

⑥　日本の文化「相撲」とビジネスの類似点は？

↓　（93ページ）

⑦　自分の経験を他人とシェアすべき。そうでなければ、貴重な経験も無駄になってしまう。

（墓に持って行くことになってしまう）

↓　（94ページ）

⑧　1億3000万円を損したら、あなたはどうしますか？

↓　（54ページ）

第1章　何も知らないインド人が日本へ

◎第二のふるさと・日本で迎えた、新たなる船出

１９８６年７月15日。横浜港を見晴らす中国料理店「東天紅」。私は同年５月16日に自ら設立した会社、ＧＭＣ ＪＡＰＡＮ ＬＴＤ．のオープニング・パーティを開催しました。

当日、会場に招いたお客様は約１００人。パナソニック株式会社（当時、松下電器産業（株））や船井電機株式会社など、仕入先である日本の電気メーカーの部長クラスの担当者、取り引き先の銀行マン、船積みや保険関係の担当者、さらに日本人の友人や日本在住のインド人の知人……。日頃、お世話になっているすべての方を招いて会社のお披露目をしたいという気持ちから開いたパーティでした。

お昼に始まったパーティは食べ放題、飲み放題。カラオケも歌われて、とてもにぎやかな

スピーチをするチュガーニ氏(1986年7月15日)

ものになりました。しかも、この7月15日は私の母の誕生日。インドからこの日のために来日した両親も、私の会社設立をとても喜んでくれました。このパーティに100万円の費用をかけたと話すと、インドで会社を経営する父は「お金を遣いすぎなんじゃないか？」と心配しましたが、私は「大丈夫、ここはインドじゃない、日本だよ」と答えたのを覚えています。

父以外にも、「なぜ、そんなにお金を遣うんだ？　もったいない」と言う人もいました。でも、私は「やるならば、大きくやりたい！」と思ったのです。特に、晴れのスタートは大きくやらないといけない、と。それをもったいないと思う人は、目の前のお金のことしか考えられず、先の価値観を考えられない人です。たとえ100万円をかけても、それでお世話になっている人たちに感謝の気持ちを伝えることができ、これからのビジネスにもプラスになるのであれば、それは決して高いものではないからです。

100万円使っても皆さんの喜びと祝福はお金で買えません。後で説明しますが、この時の私は、前の会社を退社する際に、私が貯めた給与・ボーナスの1億3000万円を支払ってもらえませんでした。それに比べれば、100万円はたいしたことないと思っていました。

集まってくださったみなさんがおいしい料理やお酒を楽しみ、カラオケで盛り上がっている姿を嬉しく眺めながら、私はこの日を迎えるまでの自分の長い道のりに思いを馳せていました――。

◎南インドの港町・チェンナイで生まれ育った少年時代

私は1951年12月、インドのチェンナイで誕生しました。

チュガーニ氏のご両親(1986年7月15日)

チュガーニ一家(1986年7月15日)

チェンナイはイギリス領時代、マドラスと呼ばれていた街です。しかし、インド独立後50年で、元の「チェンナイ」という名を取り戻しました。ちなみにインド（Ｉｎｄｉａ）という国名もイギリスがつけたものであり、本来の名は「Ｂｈａｒａｔ（バラト）」です。この名の由来をお話すると、「ｂｈａ」は英語で「ｆｅｅｌｉｎｇ」、「ｒａ」は同じく「ｔｕｎｅ」、「ｔ」は「ｒｈｙｔｈｍ」。それが表す意味は「人生のパターンはすでに決まっている。それをうまくリズムに乗って、やりなさい」ということです。

このようにインドの元の国名「Ｂｈａｒａｔ」には深い意味がありますが、「Ｉｎｄｉａ」はイギリスが勝手に名づけたもので、何も意味はありません。そのためもあり、国名も元に戻すべきだという論議も高まっていますが、未だに実現していないのが現状です。

私の両親はインドがイギリスの植民地支配から分離独立する前のインド北部のシンド州で生まれました。（注：インドは１９４７年にイギリスから独立）インド国内や海外で商人として活躍している「シンディー」の出身です。両親はインド独立の時にシンド州から南インドのチェンナイへと移り住み、父は繊維製品を扱う卸の会社を経営していました。北インドから仕入れた生地の反物を南インドの小売業者へ卸す仕事です。私はその比較的裕福な家庭のチュガーニ家の末っ子として生まれました。

チェンナイは南インドでは最も大きな街で、貿易をはじめ商売が盛んな港町。少し横浜に似ています。私はその街で育ちました。チェンナイで育った十代の頃、特に印象深いのは小型飛行機の操縦を学んだことです。飛行機が好きだった私はパイロットに憧れ、父に頼んで19歳で操縦を学び始めました。あるとき着陸時に事故を起こしたことを機に飛行機の操縦はやめましたが、今でもいい思い出となっています。

高校を卒業して、進学したのはロヨラ大学。学んだのは日本でいえば商学部。もともと好きな数学や経理、貿易、銀行業務などを勉強しました。それが卒業後の進路に結びつくことにもなったのです。そのロヨラ大学を卒業するとき、私は学年でただ一人選ばれる「最優秀学生賞」を受賞しました。

この賞は学生のコミュニケーション能力や、クラスのスポーツ行事や他校とのミーティング、ディベートの企画などを手がけるリーダーシップを評価するものです。広いインドは地域により宗教も言葉も違いますが、大学の学生はこうしたさまざまな土地から集まっています。私は、成績はトップではありませんでしたが、ヒンディー語、シンディー後、タミル語（南インドの

トロフィーと共に(1973年、22歳)

大学の友人らと(写真中央左 1973年)

言語）、英語が話せます。こうした語学力やコミュニケーション能力、リーダーシップを評価されての受賞だったのだろうと思っています。

◎初めての海外　未知なる日本へ

さて、大学を卒業した私はインドの大企業、ダラマル・グループの日本支社に経理担当として就職しました。そこで故郷のインドに別れを告げ、日本の横浜へやってくることとなったのです。１９７４年1月、23歳のときのことでした。

「はじめに」で書いたように、当時、インドでは外国の為替は5ドルしか持てなかった時代です。当時の私には日本についての知識もまったくありません。日本地図を見て、５つの〝島〟があるだけの国かと思っていたくらいです。日本に来た時は日本人が誰も英語を話せなかったので驚きました。

◎日本でぶつかった言葉の壁　奮闘が始まった！

私が勤務するダラマル・グループは日本の電気メーカーから電気製品を仕入れ、海外に輸出する業務を行なっていました。その日本支社があったのは横浜の山下公園からほど近い場所です。そこで働き始めた当時の私の給与は、わずか月額1万8000円でした。ところが会社で雇っているメイドさんの月給が9万円であると知り、すごい差があるなと思いました。

初めて日本に来て困ったのは、やはり言葉です。当時の私はもちろん日本語がまったくできませんでした。そこでさっそく勉強を始めたのですが、これが難しい！　会社には日本人の社員やメイドさんもいたので、彼らと話すことで少しずつ言葉を学んでいきました。しかし、それでもやはり足りないと思い、ＹＭＣＡにも通って勉強しようと思い立ちました。

入会金1万円を支払い、もらって帰った日本語のテキストを開いてみると、その英語と日本語対応の例文は、「これは人の顔です」「人の顔には耳が二つあります」といった子供っぽいもの。バカバカしくなって、学校で勉強するのはやめることにしました。そして自分で日本語を研究してみることにしたのです。

文法について調べてみると、ヒンディー語と日本語は文法が同じであることに気がつきました。英語などと違い、最初に主語が、続いて目的語などがあり、一番最後に動詞が来るのです。この動詞さえちゃんと聞き取れ、言うことができれば何とかなりそうだとわかりました。さらに考えてみれば、動詞は最低40ほども覚えれば、まずは十分だとも感じたのです。

◎読み書きはできなくとも会話力で仕事は成り立つ

そこで私は毎日、5つの動詞を勉強することにしました。「見る」「書く」「読む」「食べる」「飲む」……。そして翌日には会社でその動詞を使ってみて、もし間違っていれば同僚に指摘してもらいます。さらに、現在形と過去形を分けるには、たとえば「買います」を「買いました」と語尾を替えればOKです。また否定形にするなら「〜ない」を、疑問形にするなら「〜

か？」を、それぞれつければいいのです。そう考えてみると案外、簡単なことです。

そうして動詞を身につけたあとは、数や値段などを覚え、1年が過ぎた頃には相手の言っていることがほぼわかるようになりました。さらに来日3年後、日本語で正しく質問ができるようになると、飛躍的に日本語が上手になります。なぜなら日本人は質問しなければ自分からいろいろと教えてはくれませんが、尋ねれば日本語のことでも仕事のことでも丁寧に教えてくれるからです。また、「質問をする」ということは、「この人は理解をしている。だから質問が生まれるのだ」と思ってもらえることでもあるのです。

そんなふうに言葉がわかるようになると、日

ダラマル社員たちと(写真右上 1974年、23歳)

本の習慣や文化を理解・吸収することも容易になっていきます。**私は今でも日本語の読み書きはできませんが、きちんとした会話力さえあれば、日本では誰でも立派にビジネスができる**と思っています。また、日本語の会話ができると、レストランやゴルフ場などどこへ行っても、相手の日本人は安心してくれます。それにしても、日本人はなぜ外国人を見ると「日本語ができないはずだ」と決めつけるのでしょうか。

私が日本語をマスターしたあとのことです。横浜の街角で信号待ちをしていると、日本人の女性から「山下公園はどこですか？」と声をかけられました。私が教えてあげようとすると、相手は初めて私の顔を見て「あ、ごめんなさい」と言うと、そそくさと立ち去ってしまいました。私の風貌を見て、日本語ができないと思ったのでしょう。私に限らず日本在住の外国人には、日本語が堪能な人が少なくありません。それを認識したほうがいいのではないでしょうか。ある取引先での会議で担当者の方が私のことを日本語がわからないと思い、私の前で『この人は、日本語がわからない。この商品をこの価格で売ればいいのでは？』と部下と日本語で話し、そのすぐ後に英語で私との交渉が始まりました。私はすべて理解していたので有利に話をまとめ、結果得をしました。

◎郷に入れば郷に従え!!

日本に来てから、言葉と同じくらい苦労したのは食べ物です。最初に好きになれなかったのが生の魚です。インドでは魚を生で食べる習慣はないからです。日本人の友達に初めて鮨屋に連れて行ってもらったときも、生の魚を食べるのに抵抗があったので、彼に「先に食べてよ」と頼んだのを覚えています。もし彼が鮨を食べて様子がおかしくなったら、自分は食べるのをやめようと思ったのです。

ところが、もちろんそんなことはなかったので、私も勇気を出して食べてみました。最初から食べやすくて、おいしいと感じたのは、マグロのトロ。逆に、イカはゴムみたいだと思ったものです。しかし、その鮨も食べているうちに、だんだん慣れていきました。そして来日から40年以上がたった今、鮨は私の一番の大好物なのですから、面白いものです。また、仕事のお付き合いで、牛肉を食べなければならなかった時に、「これはインドの牛じゃないから、大丈夫」と冗談を言いながら食べたこともあります。

◎在庫として余った商品を買えば双方にメリットあり

そんな中、翌75年になると私は経理以外に、輸出の仕事にも従事することになりました。さらに、輸出ビジネス拡大に向けて貿易事業も担当、76年には部長代理となります。この頃、会社が仕入れた電気製品を輸出していたのはアフリカやヨーロッパ、南北アメリカ、アジアなど。メーカーに在庫として余っている商品をよく仕入れていました。

メーカーは基本的に、新製品は代理店に売りたいと考えるものですが、モデルチェンジなどによって古くなった商品は代理店も買いません。そこで売れ残り、余ってしまうことになるのです。そこで、「では当社が購入するが、販売先の国の制限はなしで」という条件をつけるのです。そうすると通常の取り引きよりも安く買うことができ、さらにどこへでも輸出できるというメリットがあります。

新製品ではないとはいえ、輸出先ではすでに名も質も知られた有名な商品なので、相手は喜んで買ってくれます。さらにダラマル・グループでは現金で支払うことを基本としていました。そうすればメーカーとしては「倉庫の掃除」になるうえ、お金もすぐに入ってくる。そのため値段を割り引きしてくれることもあり、双方が喜ぶことになったのです。私は、これはとても重要なことだと思います。

現金で支払うことのメリットは、こちらが交渉をできる〝強み〟が持てるということです。日本のメーカーは月の初めは強気に出てくるので、こちらも最初から買うことはしません。ところが、相手は20日を過ぎる頃になると弱気になってきます。なぜなら月末にお金がほしいからです。加えて商品を余らせずに、片づけたいという気持ちもあるでしょう。その時点で買う、しかも現金で、となれば、こちらはより強い態度で出ることができます。

そして実際に現金で取り引きすれば、こちらの信用を高めることにもなるのです。こうしたビジネスのやり方をほとんどの外国人や外国の企業は知らないのが実状です。これは非常に残念なことではないでしょうか。

◎1万8000円だった月給がついに50万円に！

さて、このように会社の業務が活気を帯びると、私もアフリカやスペインへの出張が増えました。非常に忙しく働いて、会社の高収益に貢献したつもりです。実際、会社の売り上げは私が来日した頃の３億円から倍の６億円にまでアップしていました。しかし、その貢献が私の給与にはさほど反映されることはなく、来日当初1万８０００円だった月給はこの頃、３万６０００円に上がっていた程度でした。

この時期、短い間でしたが、日本で「レオクラブ」の会員となったこともありました。インドにいた頃、貧しい人々の支援を行なっているライオンズクラブ傘下のレオクラブに参加していたからです。日本のレオクラブでも同年代のメンバーと交流することができました。

また、１９７７年にはインドで結婚をすることになりました。親戚の紹介によるお見合いで、妻のプーナムは同じシンディー出身です。すぐに息子にも恵まれました。彼はその後、生後2か月で妻とともに来日し、日本で育つこととなります。

一方、その頃、日本支社は社員が増え始めていました。事業も活況を呈しており、私も非常に忙しくなりました。パナソニックやJVC、船井電機、東芝、赤井電機などの電気製品を販売するため、ヨーロッパやアフリカ、アジアと世界中を出張で飛び回り、半年間しか日本にいられないほどの年もありました。電話では用が済まず、人と会わなければビジネスができなかったからです。当時、最も取り引きが多かったのがパナソニックでした。パナソニックはそれだけ多くの製品を作っていたため、ダラマル・グループとしてもビジネスのチャンスが多かったのです。

高品質オーディオやテレビ、ラジオ、ラジカセ、テープレコーダーなどを輸出し、会社の利益は増額。ダラマル・グループの日本支社は、この頃が最も儲かっていたのではないでしょうか。私も部長に昇進し、給与も12万5000円にアップしました。ちなみに、住んでいたマンションは会社が借り上げたものだったので、住居費はかかっていませんでした。

さらに1978年になると輸出先の国も増加し、それに伴ってビジネスも成長を続けます。翌79年には従業員も当初の5人から15人にまで増えました。会社の売り上げは30億円にまで伸び、私の給与も50万円にまで上がったのです。

◎「5時から」のつき合いも仕事のうち!――飲みニケーションも大切!

日本にいる間も昼間は多忙に働く一方、私は午後5時以降の〝接待〟も仕事と認識していました。ほとんどの外国人はこうした「5時から」のつき合いを仕事とは認めず、それに時間を割くことはありません。しかし、**日本ではこの「5時から」もとても大切な仕事の時間。**私は早くからそう感じていたのです。そこで、取り引き先の日本人と積極的に夕食をともにし、お酒も酌み交わしました。

居酒屋や焼き鳥屋、鉄板焼き屋や鮨屋……。場所がどこでもつき合えるようにし、誘われたら極力断わらないようにしました。断わると、なかなか誘ってもらえなくなるからです。

真面目な日本のビジネスマンも、多くの人が実はお酒好き。「お酒がエンジンオイル」と思える人が少なくありません。飲みの席でも最初はみんな硬いけれど、酔っ払ってくると態度がやわらぎ、本心を打ち明けてくれるようになります。中には酔っ払って訳のわからない話をして、翌日には自分が何を言ったか覚えていない人もいますが、それも「酒の席でのことだから」と日本人は寛容です。

私がこの「5時から」のつき合いや、いわゆる〝接待〟が重要だと思ったのは、そこでビジネスの話も交わされるからです。取り引きの現場や会社などで仕事の話をするよりも、アフターファイブに話をしたほうがスムーズでベターなのです。そう考えると、日本では本当の仕事は夕方5時から始まると言っても過言ではありません。

夜、2～3時間も一緒に飲んでいると打ち解けて仲よくなることができるし、自然に相手の会社の情報やビジネスの状況などの打ち明け話があふれ出してきます。「実は在庫があって困っていて……」などという言葉が聞ければ、しめたもの。そこからビジネスが生まれることもよくありました。5時まではコミュニケーション、5時以降は飲みニケーションが大事です。

◎「お金を惜しんではだめ」　それは世界共通の事実

こちらが接待をすべきと感じたら、私は絶対に割り勘にはしません。ケチな人はお金を惜しみますが、私は**「ケチな人は金持ちにはなれない」**と思っています。お金をケチって使わないと、たとえ本当はお金持ちでも、そうは見えません。これは日本に限らず、世界中どこの国でも同じです。それにお金を惜しんで使わない人は、遊びに誘っても面白くありません。たとえ友達同士であっても、会計を割り勘にしようとしたとき、「自分は2杯しか飲んでいないから、その分しか払わない」とか、「自分はソフトドリンクしか飲んでいないから、割り勘は困るよ」などと言う人がいたら、どう思いますか？　せっかく楽しく飲んだというのに興醒めでしょう。そういうことなのです。

私は、こうした夜の一杯はいいことだと思います。会社からまっすぐ帰宅すると、仕事の問題をいろいろと家へ持ち帰ってしまうことになります。そうすると奥さんが話を聞いてもらいたがっても、なかなか耳を傾けることができません。仕事の問題で頭がいっぱいだからです。そうではなく、ワンステップ置いて家に帰れば、奥さんや子供たちと落ち着いて向き合うことができます。

そこで、退社後に外で一杯飲みながら問題について考えたり、ストレスを発散したりするのは大切なこと。私は仕事帰りに一人で飲みに行くことはほぼないので、よくサウナに立ち寄っていたものです。

そもそも仕事の問題やストレスを抱えていることは、一つのコップをずっと持っているようなもの。コップを短時間持つのは苦になりませんが、ずっと手に持っていたら重たくなります。だから、居酒屋でもサウナでも、どこかで心配事を一旦置いて帰り、翌日にまた考えればいいのです。

また、取り引き先にしろ、自社の部下や後輩にしろ、若い人をふだんは行けないような高いクラスの店へ連れて行ってあげることにも意味があります。このとき予算など決して気にしてはいけません。その経験から彼らが「あのお店はよかった。おいしかったな。また一緒に連れて行ってもらえるように、これからもがんばろう!」と思ってくれればいい。若い人にはそんなふうにがんばって、ビジネスを次の世代へつなげていってもらえればいいのです。

◎キタの新地で飲み、ホテルの部屋でみんなで雑魚寝

私の「5時から」のつき合いの場は、横浜や東京だけではありませんでした。パナソニックや船井電機、サンヨーなど取り引き先が多かった大阪へもよく出張していたからです。昼間の仕事を終えると、夜はやはり接待となります。その頃、よくみんなで繰り出していたのはキタの新地。しょっちゅう顔を出すのでクラブなど地元のお店でも信用され、会計はツケ払いでサインもしません。月末にクラブのママから請求書が送られてきたら、翌月に支払うというシステムです。取引先の日本人は外国人の私がサインもしないでお店を出るのを見て驚いていました。そのこともビジネスの信用につながっていきました。

取り引き先の日本人ビジネスマンは、私と飲みに行くことが決まると、奥さんに電話します。「チュガーニさんと飲みに行くよ」と伝えるわけです。みんなで楽しく飲んだり、歌っ

たりして、お店はハシゴ。そんなふうに盛り上がっていると、いつの間にか電車がなくなってしまうこともしばしばです。私は宿泊先のホテルがあるからいいのですが、みんなは家に帰れません。こうなると、「チュガーニさんのホテルに泊まろう!」ということになります。

数人がホテルの部屋にころがり込むことなどザラで、あるときなど何と7人も泊まったこともあります。部屋へ帰ってからもまた飲みながら話をしたりするので、煙草を吸う人がいたときは翌朝、部屋は煙草の煙がもうもうとしていました。私は翌朝そのまま横浜へ帰るだけですが、ほかの人たちは会社へ出勤しなければなりません。そこで朝のトイレは大忙し!

みんなトイレを済ませると、急いで身支度を整えて出かけて行きました。それも楽しく懐かしい思い出です。

こうしたお酒のつき合いや接待はもちろんビジネス上、必要なものでもありますが、それと同時に〝人間同士のコミュニケーション〟です。商売だけでなく、〝心の通い合い〟でもあるのです。このような日本人が好む生活や習慣に溶け込むことはとても大切です。ところが、多くの外国人は「日本人は硬い」「何を考えているのかわからない」と文句を言い、ビジネスをあきらめて帰国してしまうことがほとんど。

しかし、私は「日本人は硬いけれど、飲めば柔らかくなるよ」と思っています。実際、この頃の取り引き先の責任者にはビジネスを超えた友人となった人も少なくありません。そして今でも長くつき合いが続いている人もいるのですから、それは私にとってとても嬉しいことです。

◎吉幾三に北島三郎、裕次郎……カラオケも大得意！

そんな夜のつき合いでは、カラオケにも積極的に挑戦しました。カラオケも日本のつき合いにおける一つの〝文化〟だと知ったからです。当時のカラオケはビデオの字幕でなく、歌詞本を見て歌う時代。私は日本語が読めないので歌詞をローマ字で書き起こし、それを覚えて、すぐに30曲ほどの持ち歌を作りました。

歌手なら吉幾三や北島三郎、石原裕次郎、テレサテン、歌は「酒よ」や「雪国」、「すきま風」や「ブランデーグラス」、それに「桃色吐息」……。特に演歌はテンポがゆっくりなので、

歌を披露するチュガーニ氏(1990年、39歳)実年齢より上に
見えたことで”経験豊富”と取られビジネスでは役立った

トロフィーと(1990年)

賞品と(1990年)

私にとっては歌いやすかったのです。ピアノ伴奏がつくお店などでは、ピアニストが「梅沢富美男の『夢芝居』はあなた向きですよ」などと曲のアドバイスをしてくれたこともあります。

当時はまだカラオケボックスがなく、歌うのは自分たち以外の客もいるカラオケスナックなどのラウンジ。そこでインド人の私が日本の演歌を歌うと、他のお客さんが喜んでくれます。そうすると私と一緒にいた取り引き相手も喜ぶわけです。インド人がそれなりに上手に日本の歌を歌っていると、下手な日本人は歌いづらくなるようで、次第に歌わなくなっていきます。

そうすると私たちは「勝ったよ~！」と大盛り上がり。まだカラオケの画面に歌唱評価の点数など表示されなかった時代なので、勝ったも何もないのですが、それが面白くて、カラオケにはしょっちゅう通っていました。それが評判になり、日本人の知り合いの結婚式でスピーチとともに歌をリクエストされたことも3回ほどありました。

◎日本人の〝ホンネ〟と〝タテマエ〟は難しい！　―損して得とれ！

さて、このように日本のビジネスのやり方や接待の習慣にも慣れていった私ですが、ある意味で私にとって言葉や食べ物以上に難しかったのは、日本人の〝ホンネ〟と〝タテマエ〟です。そもそも日本人はホンネを隠すのが上手です。仕事の話で「そうですね」と言ったとしても、それは〝タテマエ〟かもしれません。本当に同意しているのか、それ以前に話を本当に理解しているのかもわかりません。実際は何を考えているのかわかりにくいのです。いい言葉を使えば、「奥が深い」といえるでしょう。

「そうですね」以外にも要注意の言葉があります。それは「検討します」「考えておきます」「また電話します」などなど……。それは、実は「日本人的ＮＯ」であることも多いのです。

だから、たとえば取り引きが決まる際も、最後の最後に印鑑を押すまでは、もしかしたら本当は「ＮＯ」かもしれません。そこで実際に注文書や契約書がなければ、日本では話は進まないのです。ちなみに、客の悪口など仕事中にたまったストレスが退社後の5時以降に〝ホンネ〟となって出てくるのも、私にとっては驚きであり、発見でもありました。

このホンネとタテマエ以外にも、私が驚かされた日本人独特の行為があります。その一つが〝ほめ殺し〟。ゴルフなどで「社長、お上手～！」と持ち上げる、あれです。また、日本人は「怒らない」のも特徴です。外国人ならば、ビジネスでも何か頭にくることがあれば、ミーティングでそれをぶつけ合います。一方、日本人は〝和〟を大切にします。だから、仕事上でもほとんど怒ったりしないし、仲間と協調することを重んじます。これも日本の文化でしょう。

また、取り引きで、相手から『この価格で商品を売りますよ』と言われてもきちんとした契約書を受け取るまでは油断できません。約束したのに担当者から契約書が来なかったこともありましたが、そういう時は相手のミスや事情を理解し、私はなにも言いませんでした。

さらに、担当者の営業ノルマ達成のために別の商品を無理やり買ったりもしました。担当者もそれを察し、翌月に欲しかった商品を私のためにとっておいてくれたり、値引きしたりしてくれました。損して得とれ！です。普通の外国人はこういったことは理解できず、怒って担当者とうまくいかなくなることはよくあることです。

◎日本人の辞書に「NO」という文字はない!?

そのため、打ち合わせや会議でも、そこにいる10人なら10人、全員が賛成しないと話が進まず、結論が出ません。そこで日本でのビジネスは時間がかかって、遅いと言われるのです。これは一人で責任を取らないための方法でもあるのではないでしょうか。私は何事もきちんと責任を取るし、よくないことははっきりとそう言います。でも、日本人は「NO」と言いたがりません。もっと言えば、**「日本人の辞書に『NO』という文字はない」**のでしょう。

自分で直接「NO」と言いたくないものだから、それを人に言わせようとします。だから、私も取り引き先の担当者から「この価格で売るよ」と言われながら、部下の別の人に後から「再度検討した結果、売れません」と言われたことが何度あったでしょうか。日本人が「NO」を言いたがらないのは、人に悪く思われたくない、自分のマイナス面を見せたくないと思うからなのでしょう。「ＮＯ」と言わないどころか、ときには「ＹＥＳ」も「ＮＯ」も言いたくないから、結論を先送りして「次へ行きましょう」と話題を変えることさえあります。

それに加えて、日本人には「自分で決められない」「なかなか決められない」という特徴もあります。たとえば、日本人の取り引き先から案件について「明日、返事をします」と言われたとしましょう。そのとき言われるままに待つのではなく、「今日、決めたいのです」と伝えると、返事が早くもらえることがあります。なかなか決められない日本人だから、こちらからそう持ちかけ、話を引っ張ってあげたほうが、事が早く進むことが少なくないのです。

それでも話が進まないとき、業を煮やしてその取り引きに見切りをつけ、ほかのメーカーから商品を買ってしまうこともあります。そうすると、次の月には元のメーカーと話がもっと早く進むことがあるのも事実です。

◎日本人にはファイトもハングリー精神もない！

また、ミーティングには一人で来ないのも、日本人ビジネスマンにありがちなことです。私はどんな打ち合わせや取り引きでも、自分一人で訪問します。ところが、先方は日本人5人が顔をそろえていることも珍しくありません。おまけに研修中の新人社員が数人加わっていることさえあります。こちらとしては「なぜ5人もいるのか？」と思うし、海外では研修中の新人にこうした同席をさせることもありません。外国人から見ると、それは彼らにとって無駄な時間だと思えるからです。

このようなことから考えると、私としては**「日本人にはファイトがない」**と思わざるを得ません。豊かな国だからでしょうか、ハングリーでないのです。そこが外国人ビジネスマンと最も違う点かもしれません。

それはさておき、「ＮＯ」と言わず、ホンネを言わずに、日本人は無理をすることが多いから、きっと疲れるはず。そこでストレスもたまるわけです。インド人をはじめ外国人にはこうした疲れやストレスのたまり方はありません。

日本人は会社内でも競争があり、営業成績でトップになりたいと思っているためにプレッシャーやストレスがあります。それは、例えるなら常に高速道路のファースト・レーンで走りたいと考えるようなものです。そうすれば確かに速いでしょうが、ずっとプレッシャーやストレスを受け続けます。それより少しくらい遅くとも、セカンド・レーンでストレスもプレッシャーもなく走ったほうが、はるかに楽しいのではないでしょうか。これはビジネスでも同じことだと思います。

それはさておき、最初は驚いた日本人ならではの物の考え方や話し方、ビジネス習慣にも、私は少しずつ慣れていくことになりました。

◎月給100万円、毎月の接待費は自腹で50万円

来日して6年が経過し、1980年になると、ダラマル・グループ日本支社は中国から紅茶の茶葉の輸入販売を手がけるようになりました。それが成功し、売り上げは増加。年間の総収益は40億円へと伸び、私の給与も月100万円に上げてもらいました。それもあり、私は〝接待〟の費用を自腹で工面していました。その額、月に約50万円。一般の外国人はこのようなことは決してしません。「5時から」のつき合い自体が無駄だと考えているので、自腹を切るなどあり得ないことなのです。しかし、私は**自腹を切ってでも〝接待〟をすることが非常に大切**だと思っていたのです。

さらに81年には、仕入れをして輸出する商品が増えていきます。ビデオレコーダー、カメラ、オフィス用電話やファクスなどの商品も輸出して、収益も拡大。それによって私は会社の利益のシェアリング・パートナーとなり、給与も利益分配制（出来高払い）となりました。

取り引き先の責任者たちは私の昇格を喜んでくれました。こうなると、５時以降のつき合いや接待もまた増えていったものです。

しかし、それでは食べすぎ飲みすぎになりがちなので、運動不足解消のためスポーツを始めたのもこの頃のことです。横浜のスポーツクラブ「ＹＣ＆ＡＣ」に入会。その後、息子と一緒にテニスやボウリングも始めました。

そういえばこの頃、面白い出来事がありました。ビデオレコーダーを扱う商売が増え、その関係で秋葉原へ出かけたときのことです。目的は、秋葉原で今何が売れているかをリサーチするためでしたが、私はそこで、いわゆる〝バッタ屋〟と知り合いました。〝バッタ屋〟とは商品を格安で販売する店や人のことです。そのとき出会ったバッタ屋が日本のビデオテープを扱っていることがわかったので、それを売ってもらうべく交渉をすることにしたのです。

バッタ屋という人々は現金でしか商売をしません。そこで、私は１０００万円を持って出かけ、ビデオテープ５０００本を買い求めました。当時、１本４０００円したビデオテープを２０００円で買い、１００円の利益を乗せて売るのです。そうすると、50万円の利益となります。それを何回も繰り返しました。バッタ屋相手なので、どこの国へ売ろうが制限はないため、アジアや中近東、インドへ出荷。締めてひと月に400万円の儲けでした。

◎好調な業績の下、4億現金払いで自社ビルを建設

一方、この頃、プライベートでも嬉しいことがありました。1982年、私が31歳のときに長女のスガンディーが誕生しました。

スガンディーが生まれた頃、ダラマル日本支社では、当時需要の大きかったエアコンや浄水器、さらに電子レンジやキッチン家電など〝白物家電〟の販売を始め、さらに商売を増やしていました。自動車電話というものが登場したのもこの頃です。

私もさっそく自動車電話を設置しました。当時の設置費用はレンタルで20万円、使用料は月3万円。この自動車電話のおかげで、外出中でも移動中でも業者や顧客との取り引きが可能となりました。海外ともすぐにやりとりができます。これによってビジネスの効率が格段

に上がったことは間違いありません。

そんな中、ダラマル日本支社は好調なビジネスを追い風に、横浜に自社ビルを建設することを決定します。この8階建てのダラマル・ビルは84年に鹿島建設により建設開始、翌85年3月に完成を見ました。このときダラマル・グループはローン一切なしで、費用の4億円を現金払いしました。その頃のダラマルの年間総収益は81億円。その5％にあたる4億円を使ったわけです。

話を戻すと83年には、録画機器や白物家電のビジネスがさらに拡大します。先に、「日本人はなかなか決められない」と書きましたが、日本の企業では決断がやや遅いのは事実です。上司の理解を得るにしても、取り引きの価格を決めるにしても、時間がかかるのです。ところが、私の決断は迅速です。さらに、日本人ビジネスマンの〝くせ〟のようなものがわかっているから、戦略も立てやすくなります。

たとえば、決めきれない取り引き先に対しては、「その価格ではだめですか。それでは、この価格では？」と提案します。すると相手も決断がしやすく、話が早くまとまるのです。ただ待っていては、こちらも相手も興味を失ってしまいかねません。そんな迅速な取り引きの確定が会社のビジネス拡大に大いに役立ち、さらなる収益増加に貢献できたと自負しています。そのかいもあり、私の年俸は２０００万円、３０００万円と飛躍的に伸び、84年時には３６００万円にまで上っていました。

◎為替レートの激変から会社も私も思わぬ窮地へ！

ところで、日本の顧客とどんなに頻繁に取り引きをしていても、支払いで手形は受けつけてもらえず、現金決済。そんな中で、ビジネスの支えとなったのは、取り引きにおける〝実績〟と、担当者との〝信頼関係〟です。毎月、相手から2～3億円分の商品を買うという〝実績〟、その支払いの約束を必ず守ったがゆえに生まれる〝信頼関係〟。それがビジネスを長く、うまく継続させるための基本です。

また、きちんと支払いをするためには、ときに銀行からもローンを借りなければなりません。しかし、それも銀行に対しては我々の〝実績〟となります。こうした実績と信頼関係で結ばれれば、取り引き先の**メーカーも銀行も自分も喜ぶ関係が生まれる**のです。これが、私がビジネスにおいて非常に大切にしている考え方です。

このようにビジネスも好調、自社ビルも建設したダラマル・グループでしたが、85年になると思わぬ激震に襲われました。円と米ドルの為替レートが激変したのです。もともと日本は為替レートが安定していない国の一つでしたが、この年、レートは２８０円から２４０円、２００円、１８０円、１６０円と急降下。最後には１２０円にまで落ちたのです。これでは、たとえ81億円の売り上げがあっても、利益は出ません。この衝撃的な現実によって、外国の企業は次々に日本から撤退していきました。

そしてダラマル日本支社のみならず、何と私自身も、思いがけぬ運命の変転を迎えることとなったのです――。

第2章　インド人が日本で起業する

◎初の赤字の責任を負わされた理不尽な解任劇

運命の1985年。

それは、ダラマル・グループにとっても、私自身にとっても、まるで悪夢のような年でした。

円と米ドルの為替レートが280円から120円へと激変し、会社の売り上げは大打撃を受けました。そして翌86年3月の決算で、ダラマル・グループは初の赤字を計上したのです。

それを理由にダラマル・グループの社長は、私に愕然とするような申し渡しをしました。

何と全損失を負うよう私に命じたのです。あまりの驚愕とともに、その理不尽さに大きな憤りを覚えた私は、もちろんそれを拒みました。すると社長はあろうことか、私を解任したのです。こうなっては、すべてを下りるよりほかにありません。

退社を決意した私でしたが、さらに驚くべきことがありました。会社は私に1円の退職金も払わず、それどころか私の累積利益配当金の1億３３００万円も支払うことを拒否したのです。つまり私は、12年間勤めて多大な貢献をしたはずの会社から退職金ももらえず、加えて1億円以上を損したわけです。私が35歳のときのことでした。

しかし一方、失意の私を勇気づけてくれる出来事もありました。ダラマル日本支社の社員15人全員が、「チュガーニさんが辞めるなら、自分たちも辞める！」と言ってくれたのです。私を思い、支持してくれる気持ちがとても嬉しかったことを覚えています。

私は、「自分の分の退職金はもういいから」と告げ、結局会社を辞めることになった社員11人全員に退職金を渡して、役職を下りました。なお、そのうちの2人の女性が、のちに私が設立する会社「ＧＭＣ　ＪＡＰＡＮ　ＬＴＤ.」に入社してくれることになるのです。

◎ノウハウや人間関係を財産として新たな挑戦へ

その頃、インドに住む父親に、この退任劇と1億円以上の損失について相談したことがあります。「自分は会社の経理の印鑑を預かっているから、それを使えば1億3300万円をもらうことはできる」と話したのです。すると、自らも経営者である父はこう言いました。

「社長が自分から金をくれると言うならもらえばいいが、そうでないならばもう放っておけ。〝勉強代〟だ」

高い勉強代もあったものです。それでもなかなか納得できない私がさらに、「弁護士をつけようか」とも相談すると、父に一喝されました。

「時間の無駄だ。そんなことはもう放っておいて、自分のやるべきことをやれ！」

そして、さらに父はこうも言いました。

「おまえはお金を失ったが、彼らはおまえの〝ノウハウ〟までは奪えない」

確かにそのとおりです。今まで私が培ってきたビジネスのノウハウや、心でつながった人間関係までは奪えません。私はそれを自分の財産として、新たな挑戦をしようと決意したのです。

かくして私は86年4月24日にダラマル・グループを退社し、独立することとなります。一方、ダラマル日本支社はその後、会社を閉じることになりました。横浜で35年もの間、ビジネスを続けてきたというのに、それが終わりを告げるまで、わずか6か月の間の出来事でした。4億円で建設した自社ビルを13億円で売って会社を閉めるという、驚くほどあっけない幕切れでした。会社には9億円の利益がありましたが、私の1億3300万円は支払ってもらえませんでした。

◎時はまさにバブル前夜　誇らかに船出したGMC

そして、その直後の5月16日、私は同じ横浜で「GMC　JAPAN　LTD.」を設立しました。7月15日に開催した、設立をお披露目するオープニング・パーティの様子は、本書の冒頭に記したとおりです。

ダラマル日本支社が4億円で建てたビルを13億円で売ることができたことからもわかるように、この86年はバブル経済の時代に入る前夜です。日本におけるバブル景気は厳密には86年12月から91年2月までとされます。実際に世間が好景気を実感するのは88年頃になってからともいわれますが、私が自らの会社を設立したのは、ちょうどこのような時期でした。

一方、この頃、世界は激動の時代を迎えていました。アメリカのレーガン大統領が対リビア経済制裁を発表し、4月にはリビアを爆撃。一方、フィリピンでは2月にマルコス大統領が国外へ脱出し、アキノ大統領が就任します。さらに同じく4月にはソ連のウクライナ・ソビエト社会主義共和国のチェルノブイリ原子力発電所で大規模な爆発事故が発生したのです。

このように海外では不穏な出来事が続いていましたが、日本はまさに、あの熱狂のバブル景気へと向かうとき。輸出業としては最も悪い時期ではありましたが、私の会社・GMCにとっては、時代の追い風も受けての船出となったのです。

「GMC　JAPAN　LTD.」を設立する際、私は細かいことでも大事な面にはお金をかけようと考えていました。たとえば、その一つが名刺です。我が社の名刺は「ＧＭＣ」のロゴを、グレーがかったブルーで掲げたもの。この名刺やレターヘッドなどを作ってくれたデザイナーに支払った費用は１００万円。名刺は会社の顔であり、大切なものなので、それくらいの支出は当たり前だと認識していました。

　この名刺には、もう一つの特徴があります。それは「ＧＭＣ」のロゴよりも上に肩書きと名前が記されていることです。一般的な名詞は社名が上にくることが多いでしょう。でも、私はあえて名前を上にしました。それは会社以前に〈人〉と〈人〉としてのつき合いを大切にしたいと考えたからでした。

社名より名前を上に記したGMCの名刺

◎「外国人歌謡大賞」でテレビ出演

ビジネスが軌道に乗るまでは、比較的時間に余裕がありました。その年、私は娘のスガンディーとともにテレビ東京の番組「外国人歌謡大賞」に応募し、出演しました。

番組出演にあたっては、まずオーディションに参加。その前に、番組のスタッフと何を歌うかを相談しました。

「何を歌いますか?」

「何でも歌います」

「演歌はやめてもらいたいんですよね……」

「じゃ、吉幾三の『俺ら東京さ行ぐだ』は?」

「いいですね! それでいきましょう!!」

そんなやりとりの末、父娘で「俺ら東京さ行ぐだ」を歌うことに決めました。オーディションと3回の練習を経て、本番に臨んだのは20人の外国人。アメリカ人、フィリピン人、タイ人などで、インド人は私たち父娘だけでした。

そんな私たちが「俺ら東京さ行ぐだ」を本番で熱唱すると、これがものすごくウケたのです！　残念ながら優勝は逃したものの、「ファミリー賞」を受賞しました。もらった商品は鬼怒川温泉の宿泊券。これは嬉しかったのですが、ほかのスポンサー商品にはもらって悩むようなものもありました。たとえば大量の禁煙パイポ。私はタバコを吸わないので、後日仲間とカラオケに行くときに配ったところ、喜んでもらえました。テレビ出演で有名にもなりました。日本語を読めないし、書けない私でしたが、大好きなカラオケのために同じ曲を何回も聞いて歌詞を暗記しました。カラオケを通してビジネスも増えました。

◎社長は誰よりも早く始業の30分前に出社すべし！

それはさておき、会社を興した頃、とても有益なアドバイスをしてくれた人がいました。

それは大阪の電気メーカーの担当者でした。彼は私にこう教えてくれたのです。

「チュガーニさん、会社には始業の30分前に入ってください」

最初はその意味がよくわからなかったのですが、私は理由を聞きもせず、素直に「わかりました」と答えました。

そして実際、始業の30分前に出社してみると、彼の言う意味がわかりました。当時はファクスで顧客からの注文を受けていた時代。海外からは夜間にもファクスが届くので、私が早く出社すると、誰よりも早くファクスの情報を目にすることができます。そのすべて、それぞれにさまざまな指示を書き込み、コピーを取って、各担当者のデスクに置いておくのです。するると、あとから出社してきた社員はそれぞれのやるべき仕事にすぐ取りかかれます。これがインドだと、社長は朝早くなど会社に来ることはありません。同じように、私がのんびりと出社して、遅い時間にファクスに目を通して作業を始めたとしたらどうでしょう？　一つの案件について1時間かかるとすると、それが5つあれば5時間のロスです。それはとてももったいないことです。

社員が早く仕事を始められれば、夕方、早く仕事を終えることができます。そうすれば早く帰って、明日への英気を養うこともできるのです。それを理解した私は、**「社長は始業の30分前に出社すべし」**というアドバイスをしてくれた人に、心から感謝したものでした。

◎86年5月独立から11月まで売り上げゼロ

設立当初から日本の電気製品を仕入れ、海外へ輸出する業務に着手しましたが、ずっと円高が続いていたため、円で仕入れドルで売ると値段が合わず11月までの売り上げはゼロでした。それまで1個10ドルで売っていた商品を（円高になった為替の関係で）20ドルで売っても誰も買わなかったからです。それでも私は何度も大阪や海外に出張し、交通費、接待費、社員の給料、会社の経費をすべて支払い、将来に不安がよぎった時期でもありました。5月から11月の7か月間は私にとって大変厳しい期間でした。

この頃、知人から私の独立と会社設立について、ずいぶん非難めいたことも言われました。

「バカじゃないか？」

「なぜ会社を辞めたんだ？　もう少し我慢すればよかったのに……」

「子供を日本でなくインドの学校へやったら、教育費がずっと安く済むから助かるぞ」

そんな声をたくさん聞いたものです。

しかし、教育費の問題ではないと私は考えました。家族と一緒に暮らすことが大事で、それが仕事への活力源となるものなのです。

のちの話になりますが、確かに息子のビノード、娘のスガンディーの教育には莫大な費用がかかりました。ともに幼稚園から高校まで日本で育て、インターナショナル・スクール卒業後はアメリカの大学へ進学させました。彼らが世界中でチャンスをつかめるようにしたいと考えたからです。

日本で子供を育てて大学まで進ませるのには約３０００万円かかるといわれます。私はさらに教育にお金をかけ、アメリカの通学費用まで合わせると一人分で５０００万円、二人合わせて1億円の支出になりました。

話を会社の独立当時に戻しましょう。私には貯めていたお金があったので、たとえ商売の利益はゼロでも3年間は大丈夫だという自信がありました。そこで、売り上げがなかろうと、接待や国内・海外出張のための費用は決して減らすことはしませんでした。**苦しいときであっても、必要な経費は惜しみなく使うことが必要**だと確信していたからです。

◎独立、初年度で利益を出した秘訣

86年5月に独立し11月まで売上ゼロという状況では、普通に考えれば、その年の決算は赤字になるものです。しかも、まったくゼロからスタートするわけですから、独立初年度に赤字になるのは珍しいことではなく、むしろそういったケースの方が多いでしょう。

しかし、私はその後の４ヶ月で巻き返し、87年３月期の独立初年度で利益を出すことに成功しました。その経緯をお話しましょう。

86年12月、仕入れ先であるメーカーの第三四半期の売上げが足りず、メーカー側がビデオカメラの値段を安くしてくれることになりました。なおかつ、輸出先の現地でも品物不足が発生し、商品の価格も上がってきたところで、チャンスが到来しました。

お客様への売値と仕入れ価格の条件は合いました。しかし、一点問題がありました。私にはメーカーからビデオカメラを仕入れるための1億円の資金がありませんでした。そこで私がどうしたかという説明に入る前に、貿易に関するお金と商品の流れについて説明します。

海外との貿易取引は、商品の輸送に時間を要するため、「商品の引き渡し」と「代金決済」にタイムラグが生じます。また代金決済は輸出者（売り手）、輸入者（買い手）が直接やりとりするのでなく、銀行が双方の間に入ります。そこで売り手と買い手、双方のリスクを回避し、取引を円滑に進めるために利用されているのが、銀行が発行する「信用状（L/C: Letter of Credit）※以下L/C」、そして船会社が発行する「船荷証券（B/L：Bill of Lading）※以下B/L」です。

その取引の流れは、①輸入者は銀行に依頼して、輸出者宛てのL/Cを発行する。②銀行を通して、輸出者がL/Cを受け取る――ところから始まります。輸出者がL/Cを受け取るということは、銀行が輸入者の支払いを保証してくれるという意味になります。それによって輸出者は、安心して商品を仕入れて発送できるわけです。

よってL/Cを受け取り契約通りに商品を船積みしたことを証明すれば、輸出者は商品の発送後すぐに代金を受け取れるのです。商品を船積みにしたことを証明するのが船荷証券（B/L）というわけです。

B/Lは輸入者が船会社から商品を受け取る「引換券」の役割もあるため、輸出者は商品の発送後すみやかに輸入者にB/Lを送る必要があります。

86年12月の取引の話に戻ります。

1億円の資金がなかった私はメーカー(仕入先)と輸入者(顧客)、それぞれに事情を説明し、次のような取引の枠組みを実現しました。

まずメーカーに約4000万円を先払いして、メーカーから商品を海外に船で出荷してもらいました。メーカーからその出荷した証拠である船荷証券B/Lのコピーをファックスで受け取り、それを顧客にファックスしました。顧客がそれを見て、1億円以上の全額を送金してくれました。

オリジナルの船荷証券B/Lがないと、船が港に到着しても、顧客は商品を引き取ることができません。それでメーカーは4000万円の先払いで1億円分の商品を出荷してくれたのです。私は残り6000万円をメーカーに振り込み、オリジナル船荷証券B/Lを手に入れました。

私が直接、大阪まで受け取りに行き、その晩、飛行機に乗って顧客のいるシンガポールに行きました。翌朝9時に、顧客の会社に行き『B/Lを持って来たよ～!フェデックスやDHLより速いよ～!』と言ったら、まさか私が持って来ると思っていなかった顧客は、びっくりし、そして大笑いしました。ちょうど、その翌日に船が港に着き、お客さんも品物を無事に受け取ることができました。

余談ですが、口座開設後7か月間、まったく動きがなかった会社の通帳に、いきなり1億円超の入金があったため、銀行の担当者も驚いて、会社は信頼を得ることができました。

たとえ商品を仕入れるお金がなくても、そこで諦めてしまうのではなく、このように機転を働かせ、熱意をもって取引先を説得することで不可能が可能になるのです。

このような奮闘によって、GMCは独立初年度で利益を出すことに成功したのです。

◎銀行から融資を引き出す方法

その後、円高にも慣れてきたこともあり、状況は大きく好転し始めました。以前に輸出した商品が海外で残り少なくなってきたため、海外では高く売れる可能性が見えてきたのです。一方、在庫を処分したい電気製品メーカーは値段を下げてきます。私はこの好機をとらえたのでした。

しかし、設立後間もない会社であるため、銀行の信用はまだまだ低い状況でした。大きな取引をしたくても、銀行がお金を貸してくれなければできません。

ある時、1億円の取引が売り手と買い手の間で成立したのですが、ＧＭＣの取引先である日本の銀行は、輸出先の銀行が発行したL/Cの半分の金額しかお金を貸してくれないのです。

そこで私は、買い手である海外の顧客に売り上げの倍の金額のL/Cを銀行経由で送ってほしいとお願いしました。つまり1億円の取引であるのに、2億円のL/Cを発行してもらったわけです。前述したように、L/Cをもらうということは、その金額をもらえる権利を保証されるということなので、よほどの信用がなければできることではありません。

こうして、2億円のL/Cの半額、1億円を借りて、ＧＭＣは1億円分の商品を海外の顧客に送りました。残りの1億円分のL/Cはもちろん使わず、私は約束を守りました。

手持ち資金以上のビジネスを可能にするこの手法をその後、何度も繰り返し、大きな利益を上げました。

89年には、日本のビジネスを増やすためにシンガポールのバイヤーとパートナーシップを組み、「Kelaish Electronics」という販売ルートを作りました。

◎銀行に眠らせたままのお金は、ただの紙くずだ！

このように貿易のビジネスは、銀行からいかに大きな融資を得られるかが非常に重要です。このため銀行員とは日々、丁々発止のやりとりをしました。

あるときは、メーカーからの在庫品購入のために4000万円が必要になったのに、銀行の追加融資が受けられなかったことがあります。そこで私はその銀行のマネージャーに、こう尋ねてみました。

「もし、あなたが外出先でタクシーに乗りたいのに、財布を銀行に忘れてきたと気づいたら、どうする?」と。

相手の答えは「タクシーに乗るのをあきらめて、歩いて帰るしかないな」。そこで私はこう話しました。

「そうでしょう。あなたの財布にいくらお金が入っていても、そういった必要なときに使えないのであれば価値はない。それと同様に、銀行の金も金庫に眠らせているだけでは意味がないんだ。外に出して回し、利子を生ませなければ役に立たないでしょう? たとえ２～３億円あったとしても、それは紙くずだよ!」

それを聞いたマネージャーは納得し、上司にかけ合ってくれました。そのおかげで私は抵当なしで追加融資を受けることができたのです。

ちなみに、このときのマネージャーとはその後、いっそう親しくなりました。「チュガーニさん、ゴルフをやれば偉い人たちに会って、仲よくなれるよ」と助言してくれ、のちに私がゴルフを始めるきっかけを作ってくれたのも、この人です。

◎お金は使うものであり、貯めるものではない！

このときマネージャーに語ったように、私は**「お金は使うものであって、貯めるものではない」**と思っています。

なぜなら実際、お金は使うほどに増えるものだからです。つまり、お金は「作った」だけでは自分のものにはならず、「使う」ことによって本当の意味で自分のものになるのです。それはお金を「生かす」ことだともいえるでしょう。

たとえば、私は飛行機に乗るとき、なるべくファーストクラスかビジネスクラスを選びます。それは機内でハイクラスの人と知り合える可能性が高いからです。確かに料金はエコノミーよりも高いですが、ビジネスチャンスにつながることを考えれば安いものです。

日本人は一般に、「インド人はあまりお金を使わない」というイメージを抱いているようですが、私とつき合うと、「そのイメージが変わった」と言います。特にビジネスでは、相手と同じレベルに自分を持っていかなくては、つき合ってもらえません。だから多少お金をかけてでも、相手がよく行くレベルの店で接待をすることが必要です。そうすると、「この人なら大丈夫。ビジネスができる」と思ってもらえます。だから、お金をケチって自分のレベルを下げてはだめなのです。

それは自動車を買うときも同じです。たとえば、１５００万円の車は高いと思いますか？　値段としては高いかもしれませんが、仮にその車で15万kmを走るとしたら１kmあたり１００円。そう考えれば決して高くはありません。それならば５００万円よりも、１５００万円のかっこいい車を買ったほうがいいでしょう。

実際、私は47歳のときに１５００万円クラスのメルセデス・ベンツを買いました。それまで乗っていたのは５００万円、８００万円クラスの車です。このベンツには十数年乗り、走行距離は16万kmを超えました。

このようにお金は使わないと生きないうえ、楽しくありません。それではいくらお金を持っていようとも、意味がないと私は思うのです。

◎売り上げは60億円、所得税は5000万円に

ところで、この年、89年に〝経営の神様〟と謳われた、パナソニック（当時の松下電器産業）の松下幸之助氏がこの世を去りました。94歳での大往生でした。私は生前、面識はありませんでしたが、パナソニックとは非常に密なビジネスを重ねていました。そこで大阪の御堂筋で盛大に行なわれた氏の葬儀へ参列したのです。

一般の外国人は、こうした仕事関係の葬儀への参列を重視することはありません。しかし、これは日本においてはとても大切なことです。関係先への弔意を表すことができるからです。しかも遠い横浜から出かけて行けば、現場の担当者も「わざわざ来てくれたんだな」と、こちらの気持ちを汲み取ってくれるでしょう。そうした思いからの参列でした。

一方、この頃、私がビジネスで心がけていたことがあります。それは「お互いに得をし、損をしないこと」です。メーカー側は現金もほしいし、ノルマもある。だから、彼らが売り

上げがほしいときは、私はその売り値で買います。その代わり、翌月は値引きしてもらうなどの調整を依頼します。こうしてお互いに損をせず、得をすることが大事なのです。しかも、すべてにおいて理解と信頼の下に、文書や署名がなくともそうした取り引きができるようになれれば理想的です。

このような努力や工夫もあり、ＧＭＣの事業は徐々に拡大していきました。90年にはさらにさまざまな国へビジネスが広がり、私の海外出張も増えました。アジア、ヨーロッパ、アフリカへと出張し、日本にいられたのは半年だけです。そのかいあって、この年のＧＭＣの売り上げは60億円。ちなみに、それにかかる翌年の所得税は５０００万円でした。

◎お金は〝種〟のようなもの。まけばまくほど成長する

このような規模になってくると、当然、さらに運用資金が必要となります。あるときは銀行から追加融資を受けるため、担保として生命保険を契約したこともありました。生命保険

20年分を契約し、死亡保険金4億円の受け取り人を銀行にするのです。保険料は毎年払う形にすると1回120万円ですが、20年分を一括払いにすると少し安くなり、2200万円。これを担保に4億円の追加融資を受けることに成功したのです。この借りた4億円から保険料の2200万円を支払いしました。

残りの3億7800万円まで使える力があれば、商品はいくらでも買うことができますし、銀行間信用取引決済のL/Cであれば、5億2000万まで融資を受けられるようになりました。また、保険料を経費に計上できるというメリットもあります。ちなみに、この保険料を月額換算すると約9万円。これは当時の私の一晩の接待費とほぼ同額でした。

この接待費について少し触れておくと、当時のGMCの年間接待費は1000万円。これは会社設立時の資本金に等しい額です。私は以前と変わらず、接待への投資は大きな利益を生むと考えていました。実際、**お金とは〝種〟のようなもので、まけばまくほど成長するものだからです。**

この頃、融資というものをめぐって、いろいろな出来事がありました。

あるときは、融資のうち4000万円で他銀行の定期預金口座を開設したことがあります。

すると、その銀行から預け入れ額の4倍の1億6000万円の融資を受けられることになりました。そこで、開設後すぐに新しい銀行からの融資額のうち4000万円を元の銀行に払い戻すことに。その結果、1億2000万円の事業投資が可能となったのです。

◎バブル崩壊　参入した不動産事業ではチャンスに

さて、我がGMCは1991年に不動産事業を開始。賃貸用に高級マンションを購入しました。折りしも、バブルが崩壊！　世間では不動産に投資していた会社が次々に倒産するか、逃げ出して行きました。そのため、よい物件が安く購入可能になったのです。また金融業が停滞したことにより、物件を購入するために多額の融資を受けられるようにもなりました。GMCの貿易事業が好調だったこともあり、投資なしでローンを契約することもできたのです。これはチャンスでした。

物件はときに半額になることもあり、付き合いのあった不動産屋から有利な情報を得て、

16億円のマンションを8億円で購入しました。バブル崩壊によって交渉も容易となり、私は資金投資をする必要もありませんでした。当時の銀行から全額の12年間融資契約にも成功。これも今ではすでに返済ずみです。

こうした不動産業には当然、リスクも付きものです。でも、人間がリスクを取れるのは35歳から50歳までの間のこと。その間にリスクを覚悟するくらいのビジネスをしなくてはいけないのです。

そのためには自分の勘を大事にすること、そして人と違うことをすることが大切です。バブルが崩壊した当時、不動産を購入する人はほとんどいませんでした。そうは言っても日本でビジネスをするなら担保が必要です。株や有価証券などでは信用に欠けるのです。

土地、建物という実体のある財産を手に入れてから私は「日本に根を下ろした」と見なされ、私の信用は銀行からも、取引先からも、増していきました。私はそうしてビジネスに立ち向かっていったのです。

さて、次のページでは、私の次の転換点となったゴルフについてお話ししたいと思います。

◎ゴルフは私のコミュニケーションツール

40歳となった年、私はいよいよゴルフを始めることとなりました。実をいうと、最初はあまり好きになれなかったゴルフですが、まずは〝商売の道具〟と考えることにしました。そこで、まず2400万円のゴルフ場の会員権を現金で購入。最終的にはシンガポール、日本、ドバイで会員権を持つことになりました。

ゴルフに熱心に打ち込むようになると、先の銀行のマネージャーが言ったとおりのことが起こり始めました。ゴルフを通して顧客とより親しくなったり、新しいビジネスチャンスをつかめたりして、ビジネス拡大につながったのです。

この頃、私が感じていたのは、**「ゴルフ場は私のオフィスであり、ビジネスの会議室」**だということです。実際、取り引き先のトップや重役、銀行マンなどをゴルフに招待すると、そこでビジネス・ミーティングができました。そう考えれば、ゴルフ会員権は最高の投資です。それは、日本人の多くがゴルフをエリートのスポーツと考えているためもあるでしょう。

また、ゴルフは奥深いスポーツです。**プレーを通して相手の性格や行動、考え方を知ることができる**し、スコア宣言で正直さもわかります。相手の本当の人柄や魅力に触れることができるのです。これもビジネスやコミュニケーションにとても役立ちました。

例えば、テニスなどほかのスポーツは、ネットの向こう側で対面して競技しますが、ゴルフは一緒に同じ方向に向かっていくスポーツです。ゴルフが終わった後も一緒にお風呂やサウナに入り、裸の付き合いができます。普通の外国人は他人とお風呂に入るのは抵抗がありますが私は平気でした。

◎1日で20万円かけたゴルフ接待は20倍の利益に

私は〝ゴルフ接待〟にもお金を惜しまないことにしました。大阪でゴルフ接待をしたときは、私は朝５時に羽田空港から飛行機に乗り、取引先３人と大阪伊丹空港で待ち合わせして、リムジンタクシーを１日借り切ってゴルフ場へ移動。リムジンを待たせたままゴルフを楽しみました。プレー後はまたリムジンに乗って伊丹へ。飛行機で羽田に着いたのは夜の８時。合計20万円の費用がかかりました。しかし、その取引先とのビジネスで、結果的にその10〜20倍もの利益を上げることができました。

毎年１月にラスベガスで開催される展示会、コンシューマー・エレクトロニクス・ショー（ＣＥＳ／家電見本市）と、４月に開催されるナショナル・アソシエーション・オブ・ブロードキャスターズ（ＮＡＢ／放送機器展）では、新製品が披露され、日本のメーカーと顧客が詰めかけます。そのときにも私は最高級レストランやゴルフコースで取り引き先をもてなしました。それによって、より強い関係を築くことができたのです。

加えて、ゴルフはもちろん健康のためにもいいのは言うまでもありません。高額な出資の対象が接待などの飲食からゴルフに移ると、早寝早起きをするようになり、私は以前に増して健康になりました。森林浴によって心の平和を得て、頭の中のいろいろな考えが一つにまとまり、スッキリするのです。そのうえ、**集中力や体力も向上する**のがゴルフのメリットです。新鮮な空気の中で一緒にスポーツをすることで、相手との関係もより良好になり、それもビジネスにプラスになったと思います。

このように、いいことずくめのゴルフは私に教訓も与えてくれました。それは次のようなことです。

「ゴルフで打ち込んだショットは元に戻せず、そこからゲームを続けなければならない。ビジネスでも同じこと。価格設定のミスや損をしたときも、きちんとそれをフォローし、利益を上げるために追加投資をすればよい」

こうしてビジネスにも大いにメリットがあったゴルフですが、日本ならではの独特な習慣もあります。それは相手にわざと勝たせてあげることです。これはいわゆる「ほめ殺し」と同じで、相手を喜ばせてあげるということです。その必要がある場合、私は相手にたくさんハンディをあげることにしています。すると、たとえスコアは私ほうがよくても、相手は「チュガーニさんに勝った！」と大喜びです。そんなふうにいい気分にさせて、相手が喜んで帰り、その後ビジネスがうまく回るのであれば、いいではありませんか。私はそう考えています。

◎世界を震撼させたリーマン・ショックで大打撃！

１９９２年になると、ＧＭＣは従来の電気製品に加え、コンピューター部品や放送機器用カメラ、プロジェクター、部品などの取り扱いを開始。以降も順調に事業を展開していきました。

２０００年には放送機器用カメラの輸出のため、シンガポールの会社とパートナー契約。「Kelaish」はパナソニック・シンガポールから放送機器を購入し、ナイジェリアやインド、東ヨーロッパ諸国、ロシアへの輸出を開始します。その後も、さらにシンガポールのパートナーとの関係を強化し、商売を増やしていきました。この頃、私の長男・ビノードはアメリカ・ノースカロライナ州のデューク大学を卒業。大手金融企業で働き始めました。続く2001年には、GMCは日本でITコンサルティング業をスタート。ITエンジニアの人材派遣業です。いわゆる〝2000年問題〟でエンジニアが不足することを想定しての事業で、現在も継続しています。

2003年にはアラブ首長国連邦のドバイに、「MGC　FZCO」というルートを作りました。これは、アフリカ・中近東の商売を増やすために、現地のパートナーと組み作ったもので、メーカーの海外向け製品をドバイからアフリカへ輸出するためのコネクションです。こうして大量の一般用デジタルカメラを、アフリカをはじめさまざまな国へ輸出販売することに着手しました。

このように順風満帆だった事業ですが、思わぬ大打撃をこうむることになります。シンガポールのパートナーが独立したことにより、商売が減る事態となったのです。さらに2008年には、あのリーマン・ショックが勃発！　説明するまでもありませんが、アメリカの投資銀行リーマン・ブラザーズ・ホールディングスが破綻したことに端を発して起きた世界的金融危機で、土地や株は下落しました。

ダラマル・グループから悔しい思いとともに独立し、GMCを設立して、ようやく安定して順調な時期を迎えたと思ったのに……。**ビジネスは、一度よくなったかと思えば、また悪くなる。でも悪い時期が過ぎれば、またよくなる。その繰り返し**なのだと痛感しました。

このリーマン・ショックによって、息子のビノードも勤めていた金融企業を退職。翌09年の春にGMCに入社し、その後、「Kelaish」の社長に就任します。パートナーの独立とリーマン・ショックで受けた痛手は大きかったものの、我々父子は負けませんでした。力を合わせて、私の生まれ故郷であるインドのチェンナイに関連事務所を、さらにナイジェリアにも事務所を、それぞれ開設することとなるのです。

◎ビジネスで最も大切なのは「必ず約束を守ること」

以上が、私が独立して自らの会社を設立してからのビジネスの軌跡です。

ところどころでお話したとおり、ビジネスにおける私のポリシーはたくさんありますが、中でも大切にしてきたことがあります。その基本の一つが**「必ず約束を守る」**ということです。

たとえば、メーカーに対する注文においてもそうです。仮に、メーカーに注文をしたあと、マーケットの状況が悪くなったとしましょう。正直なところ、注文は取り消したい気持ちになります。実際、外国人のビジネスマンはシビアに注文をキャンセルすることも少なくありません。しかし、私は一度もキャンセルしたことはありません。なぜなら、「約束だから」です。

ただし、そのときメーカーには、はっきりとこう告げます。

「正直言うと、これは買っても損。でも約束したから買います。その代わり、来月、値引きしてください」

そうすると相手も私の思いを理解し、信頼して、約束を守ってくれるのです。メーカーとしては注文のキャンセルがあると、売り上げスケジュールが狂ってしまいます。

「でも、チュガーニさんはそれがないから助かる」

よく、そう言ってもらったものです。また、このように約束を重んじ、義理堅いためか、「チュガーニさんは日本人より日本人らしい」と言われることもあります。

こうして約束を守ることは、注文だけにとどまりません。商品を受け取って、それを輸出するときも同じです。日本のメーカーとの取り引きでは輸出先を制限されることもよくあります。たとえば、「○○国には売ってくれるな」などという条件がつくのです。本当はその国へ売ったほうが儲かる場合もありますが、これも「約束」です。私はその条件を必ず守ります。

そして、もちろん支払いもきっちりとして、決して落とすことはありません。それも私にとっての当たり前だけれども大切な「約束」。このように**決して信頼を壊さないようにすることが長くビジネスを続けるコツ**なのです。

◎利益とは麻薬のようなもの　人は必ずまた欲しくなる

もう一つ、私がビジネスの基本としてきたのは、相手に「**利益を与える**」ということです。

私は「**利益とは中毒性のある麻薬のようなもの**」と考えています。一度、利益を味わったら、顧客はまた欲しくなって、必ず戻って来るということです。そこで、私は常に「ギブ・アンド・テイク」を念頭に置き、まず顧客に利益を与えます。すると顧客はまた戻って来て、今度は私によいビジネスと利益を与えてくれるのです。

さらに私は、市場価格の下落による顧客の損害を次の取り引き時に補ったことがあります。これは直接の利益にはなりませんが、取り引き先との関係をより強固にする力となりました。それが結果的には、よりよいビジネスへとつながっていくのです。

つまり、「あなたが儲けたら、私も幸せ」と考えて人に利益を与えれば、将来的に自分の利益も増えるのです。そのように**互いに利益を分かち合うことが大切**なのです。

この「約束を守ること」と「利益を分かち合うこと」を基本として、私が長年ビジネスに打ち込んできた経験から得たビジネスの極意。それをまとめたものが次の「ビジネス成功のヒント」です。

①外国人の起業家が困難に直面したとき、簡単にあきらめて帰国することは一番容易な選択である。日本のビジネスマンと信頼関係を築くには、さまざまなハードルをクリアすることと、忍耐力を持つことが必要である。一旦コミュニケーションの壁を乗り越えてしまえば、信頼を築き、ビジネスを繁栄させることができる。

私は本書「はじめに」で、「来日して起業するインド人が１０００人いたとしたら、そのうち成功できる人は恐らくわずか５～６人に過ぎない」と書きました。

日本人は親切ですが、そもそも外国人が日本に定住すること自体が非常に困難です。日本語ができる外国人でも、日本人の表情までを読み取ることは難しく、信頼関係を構築するのも時間がかかります。そのため外国人が日本に定住し仕事をするには、日本人の10倍の努力が必要なのです。

小さなことでいえば、ほとんどのインド人は日本に来ても自国インドのテレビ番組を見たがります。しかし、それではなかなか日本語を覚えることができず、日本の情報も入ってきません。日本人との会話での話題も見つかりません。そのため我が家では来日した当初から、インドのテレビを見られるようにはしませんでした。

また、ビジネスで成功したいと思うならば、自分のスタイルや、自国でのやり方に固執するのは厳禁です。それでは日本で決して成功できません。**自分のスタイルを変え、日本のビジネスの流儀に合わせていくことが必須**なのです。

日本の会社はそもそもルールが多く、「多すぎる」とも言えるほどです。それに加えて、〝ブリック・イン・ザ・ウォール（壁の中のレンガ）〟と呼ばれるほど保守的でスタイルを変えず、柔軟でない部分もあります。「出る杭は打たれる」のもそのためでしょう。インドのＩＴ企業が、ルールなしに自由に、さまざまな形でゴールを目指し、成功したのと正反対です。

そんな日本企業と上手にビジネスをするためには、やはり自分が柔軟に変わり、相手に合わせることが必要なのです。そこで私は日本のやり方やルール、相手の考え方やくせに合わせて、〝竹〟のようにしなやかに、柔軟に取り引きをすることを心がけたものです。

また、取り引きをする相手と深くつき合うことも必要です。そうしなければ、その人を知ることも、ビジネスのルールやくせを理解することもできません。私が昼間のビジネスだけでなく、５時からのつき合いを大切にした理由の一つもそこにあります。

一緒に食事やお酒を味わったり、カラオケやスポーツを楽しんだり、またときには一緒に温泉やサウナへ行くのもいいでしょう。インドには温泉も銭湯もサウナもないので、インド人は慣れない〝裸のつき合い〟を嫌がりますが、オープンに人と接するのは大事なことです。

それなのに「5時以降のつき合いなど私の仕事じゃない」などと考えているような人は、3年もすれば帰国をするはめになります。日本語で果物の名前さえ言えないままに、です。そうではなく、「成功するんだ！」と強く望み、相手の奥深くまで飛び込んで行く。そんな意識が大切なのです。

②日本では、新しい起業家は自分自身に〝ノルマ〟を課すことで圧力をかけるが、それはストレスとなり、事業計画に悪影響を及ぼしてしまう。ストレスは目標と現状の差から生じるものである。そこで目標を下げることでストレスが消え、ビジネスに集中することができる。

そもそも〝ストレス〟は、目標とすることと自分が本当にできることとのギャップから生まれます。つまり、目指す100のうち40しか実現できなければ、残りの60はストレスとなります。そこで、**ときには少し目標を下げても、その中で精一杯がんばれば必ず儲けは出る**のです。そうしたほうがずっといいのではないでしょうか。

③現状を受け入れて、前進することが重要である。何も行動せずに、過去の成功を思い出していても、貴重な時間を無駄にするだけだ。常に前進し、チャンスを活用すべきである。

ビジネスでは、すでに済んだことを考えてはいけません。〝Past（過去）〟に生きていてはだめなのです。それなのに、誰もが過去のよかった時期と現在を比べすぎています。一方、将来のことばかりを考えて、現在を見つめていない人もいます。どちらもいいことではありません。たとえ現在あまりうまくいっていなくても、**とにかく今このときを一生懸命にやる！**　ビジネス成功のためにはそれしかないのです。

④起業家は苦しい時期があっても、楽しみとチャレンジ精神さえあれば必ず解決策が見つかる。あきらめる必要はない。あきらめずに困難を乗り越えれば成長することができるが、一度あきらめてしまえば、そこで止まってしまう。

先にお話したように、多くの外国人企業家は、日本での起業を簡単にあきらめてしまいます。そもそも日本での起業が難しいのは事実ですが、それだけでなく、彼らはビジネスの「楽しみ」を見つけることができていないのです。それゆえ「チャレンジ精神」を発揮することができないのではないでしょうか。それができないからあきらめざるを得ないのか、早くあきらめてしまうから、そうしたビジネスの醍醐味を得られないのかはそれぞれでしょう。しかし、とにかく**簡単にあきらめずに努力を続けることが非常に大切**なのです。

また、他の国でも言えることですが、日本においては特に、諦めたビジネスの再開は困難になります。その理由と関係維持のためのポイントをお話しましょう。

まず、日本の会社では数年単位での転勤や異動が当たり前です。取引先とのビジネス再開を望んだ時、当時のあなたを知る人はそこにはいません。そして、一度離れてしまった人を、取引先の人が責任を持って後任に引継いでくれるとは考えられません。ここで繋がりを保っていれば、丁寧に引継ぎや紹介をしてもらえたものが、台無しになります。関係を繋げるという点で見ると、外国ではあまり根付いていない送別会、忘・新年会といった集まりも重要です。取引先の担当者の送別会に行けば、先に述べた引継ぎや紹介に加え、その場で後任の方とも打ち解けることができます。また、忘年会や新年会では、取引先の方々と共に一年を振り返り、新しいスタートを切ることもできます。私も大切な繋がりを保つべく、今まで多くの集まりに参加してきました。

日本でビジネスをする外国人には、先に述べた点を念頭に置き、諦めずに取引先との繋がりを大切にして欲しいのです。

⑤ビジネスは挑戦に満ちている。挑戦におびえていては決断もできない。決断をするために覚えておくべきは、すべてにおいて成功する必要はないということだ。10のうち3つが失敗でも、残り7つが成功すればいい。そうすれば相殺されて4つの成功が残る。それによって自信を深めることができるのだ。

ビジネスにチャレンジしようと思う人は、つい完璧を求めがちです。できる限り上を目指すことは大事ですが、すべてにおいて成功するのはほぼ不可能です。そこで**目指す10のうち、いくつかは失敗してもいい。残りが成功すればいいのだ。**そう前向きに考えることが大切です。そうして成功体験を積み重ね、自信をつけていけば、少しずつ成功の確率が高まっていくはずです。

⑥ビジネスは相撲に似ている。土俵に上がらなければチャンスはない。相手が大きいからといって、「自分には無理だ。できない」などと言って土俵へ上がらなければ、そこで負けとなる。ビジネスでは決してリスクから逃げてはいけないのである。

マーケットには自分と同じようなビジネスをしている人間が大勢います。その中から顧客が誰を選ぶか、自分が選ばれるかが、まず非常に重要です。それは〝闘い〟であり、私が好きな相撲と似ていると感じます。「私は自信がない、できない」などと考えていてはビジネスの土俵に上がることができません。たとえ上がっていても、そのような思考では土俵から下りることになってしまいます。

いくら相手が大きくて強く、逆に自分が小兵であっても、**まずはビジネスの土俵に上がること**です。リスクを考えて逃げたり、相手の強さにおびえてあきらめたりしては、ビジネスにおいて〝負け〟なのです。

⑦私たちは日本で起業した若者と情報を共有し、自分自身の経験や知識を恩恵として与えるべきである。さもなければ、彼らも私たちと同じ過ちを繰り返してしまう。これは私たちの知識を無駄にしているということだ。私たちは広い心を持ち、相手の国籍によらずビジネスマンを助け、日本での成功に導くべきである。そのように共有することによって私たちもまた成長することができ、逆にそれをしなければ私たちの世界は小さなものになってしまう。

自分がビジネスで得た知恵やノウハウ、情報は、墓場に持って行けません。たとえ持って行ったところで、ただの無駄です。だから**自分の経験は惜しみなく、若いビジネスマンへ伝えていく**ことにしましょう。それも自国の同胞だけでなく、いろいろな国籍の人に手を差し伸べ、知恵を分けていくべきです。そうすることによって自分自身もあらためて成長し、幸せになることができます。逆に、そうしなければ私たちの世界は小さなものになり、やがてなくなってしまうに違いありません。

第3章　日本での生活

◎我が子の母校のためチャリティ・ゴルフ・コンペ開催

これまでお話してきたように、私は愛する横浜で長く暮らし、ビジネスに打ち込んできました。その一方で、力を注いできたのがチャリティやボランティア活動です。この章では、そのお話をいたしましょう。

私が携わったチャリティ活動の一つが、横浜山手にある「サンモール・インターナショナル・スクール」のためのチャリティです。

サンモール・インターナショナル・スクールは私の二人の子供たち、息子のビノードと娘のスガンディーが通った学校です。子供たちの在学時代、この学校への寄付金を調達するため、私はチャリティ・ゴルフ・コンペを開くことを計画しました。

それが実現し、第1回のチャリティ・コンペが開催されたのが1995年のことです。このゴルフ・コンペは毎年行なわれることとなって6年間続き、毎回40万円の寄付金を学校へ贈ることができました。６年間で計２４０万円です。

娘のスガンディーがサンモールを卒業してからもコンペは続け、集まった資金はインドの「ユニバーサル・ブラザーフッド」を通して寄付することとなりました。

ユニバーサル・ブラザーフッドとは、インドのデリーに本部を置く慈善団体です。正式には「サントニランカリ・ミッション」といい、一般に「ユニバーサル・ブラザーフッド（世界は兄弟）」として知られています。

代表はババ・ハルデブ・シン氏。慈善活動を行い、世界に２０００か所以上の拠点があります。それぞれの支部は社会とコミュニティへの奉仕とボランティア活動を通して、人類の平和的な共存や調和、それに平等性を伝えていくことを目的としています。私は、このユニバーサル・ブラザーフッド日本支部の支部長を務めています。

ユニバーサル・ブラザーフッドはインドで無料の病院を常設しています。貧しい人が、お金がなくとも治療が受けられる病院です。娘のスガンディーの卒業後は、チャリティ・ゴルフ・コンペで集めた資金は、この無料病院に寄付することにしたのです。この活動は今現在も続いています。

◎2011年3月11日、東日本大震災が発生

このユニバーサル・ブラザーフッドは、世界中で天災に見舞われ、被害を受けた地域でも精力的にボランティア活動を行なっています。このようなとき経済的な面と人員の派遣の両面において援助を行なうのがユニバーサル・ブラザーフッドです。

たとえば、2001年1月26日インドのグジャラート州で起きた地震の際は、総理大臣による災害基金への募金に貢献したうえ、避難救助活動や、被災して移住させられた人々のサポート活動などに尽力しました。

さらに、南アジアで津波が起きたときには、マレーシア、タイ、アンダマン、ニコバール諸島にある支部が活躍。食料支援や避難所でのサポート、けが人の応急手当などに励んだことで知られています。

そして、このユニバーサル・ブラザーフッドの日本支部が再び力を合わせて働くべきときがやってきました。忘れもしない２０１１年3月11日、あの東日本大震災が起きたのです。宮城県牡鹿半島の東南東沖約１３０kmを震源とする東北地方太平洋沖地震で、最大震度7を観測したこの大地震により、波高10ｍを超える巨大津波が発生。東北地方と関東地方の太平洋沿岸に壊滅的な被害をもたらし、死者・行方不明者は1万８０００人を超えました。

さらに、福島第一原子力発電所で事故が発生し、放射性物質の漏洩を伴う大事故となり、原発周辺一帯の住民が長期避難を強いられる事態となったのです。

◎関東大震災でのインドと日本の絆「インド水塔」

私たち日本に暮らすインド人も、誰もが震災のすさまじい被害に衝撃を受け、非常に心を痛めました。それは人間として当然のことではありますが、特にインドと日本には遠い昔から、天災を機に培ってきた絆があるのです。

横浜の山下公園の一角に建つ「インド水塔」をご存じでしょうか。ドーム状の屋根など寺院建築様式を取り入れたインド様式の水飲み場です。中へ入って上を見上げると、天井にさまざまな色のタイルでモザイク模様が描かれた、とても美しい水塔です。

この水塔は、実は関東大震災にゆかりがあります。1923年（大正12年）9月1日に起きた関東大震災。10万5000人余の死者・行方不明者を出す惨事となりましたが、この震災では東京だけでなく横浜も甚大な被害を受けました。

当時横浜に住んでいたインド人も116人が被災し、28人が死亡。そんなインド人被災者のため、自分たちも被災した横浜の人々は救済の手を差し伸べてくれたそうです。さらに、住む家を失ったインド人がまた横浜に戻ってこられるように、住宅の供給などにも尽くしてくれたといいます。

この事実を踏まえて、在日インド人協会が1939年（昭和14年）に寄贈したのが、インド水塔です。インド人を援助してくれた横浜の人々への感謝と、大震災で亡くなった同胞の慰霊と鎮魂の思いを込めて建てられたものでした。今でも9月1日の震災記念日にはこのインド水塔の元で、地元有志のインド人と日本人による慰霊の会が行なわれています。このインド水塔に象徴されるように、インド人と日本人の間には関東大震災の時代からの助け合いの絆があるのです。

インド水塔

◎お世話になっている日本のために恩返しを！

そして起きた2011年の東日本大震災。その恐るべき被害と、被災地の惨状に衝撃を受けた我々、ユニバーサル・ブラザーフッド日本支部は立ち上がりました。「今まで長く暮らし、お世話になっている日本のために、恩返しをしよう！」と決意したのです。

「自分たちにできることは何か」と考え、まず、神奈川県が避難所を開設していた県立武道館への食料の提供や炊き出しを実行。缶詰やカップヌードルなどのインスタント食品、ジュースなどを持ち込み、温かいインドカレーをふるまいました。

のちに詳しくお話しますが、その後、私とユニバーサル・ブラザーフッドに協力してくれた仲間は16回以上にわたり、被災地への炊き出しを決行することになります。延べ5000人以上の被災者に炊き出しと、食料や生活必需品を届けたのです。

活動資金はワシントンやシンガポール、ドバイなど世界各国のユニバーサル・ブラザーフッドの仲間たちと、日本の協力者から集まった寄付金、約４５０万円。あの未曾有の天災の惨状を知れば、誰しも少しでも役に立つべく寄付をしたいと思うものでしょう。でも東日本大震災に限らず、寄付には「本当に必要な人に届くのだろうか？」などという心配もつきものです。しかし、「チュガーニさんに託せるなら安心」と考えて、協力してくれた人も多かったのです。

ところが、まず実際に被災地に乗り込むまでには思わぬ壁にぶつかりました。まず私が電話で避難所などへの支援を申し出ると、必ず不審そうな対応をされたのです。

「あなたは、どういう方ですか？」

「なぜ、そんな支援をしたいんですか？」

私が外国人なので、特に警戒されたのでしょう。「いらぬお世話です」というふうな対応でした。それでもあきらめず、私は質問しました。

「今、被災者の方には何が足りませんか？」

すると返ってきた答えは、うがい薬のイソジン、パン、缶詰、ジュース、薬などなど……。「行くときに持参します！」と約束し、まず最初は食料や生活用品など必要なものを届けるべく被災地へ向かいました。初めて訪れたのは宮城県岩沼市の避難所3か所。震災から1か月もたたない、4月8日のことでした。

◎温かいインドカレーの炊き出しをしよう！

現地の避難所へ着き、食料の提供などの作業をしているうち、私たちの目にある光景が飛び込んできました。それは日本人ボランティアがカレーの炊き出しを行なっている姿です。日本人もカレーが大好きですが、やはりカレーといえば言うまでもなく、インドが本場。そこで私たちも、「これ、やろうよ！」ということになったのです。

こうして、被災地での「インドカレーの炊き出し」が始まりました。インドカレー作りは私の知人で、茨城にあるレストランで働いていたインド人シェフのグルジット・シンさんが、協力してくれました。彼に夜通しカレーを作ってもらい、それを私たちが被災地に届けるのです。初めてこのインドカレーの炊き出しを行なったのは4月17日。宮城県岩沼市の3か所の避難所で、６００名分のカレーをふるまいました。

先にお話したように、最初は不審がられる対応も受けましたが、その壁もすぐに乗り越えられました。私たちが一度訪れて支援を行なうと、相手も理解し、納得してくれます。そこで、「ほかにも支援を必要としているところはどこですか？」と尋ねると、担当者がほかの避難所や自治体に連絡を入れて、紹介をしてくれます。そこで、どんどん支援がスムーズになっていきました。

このような活動をする中で私たちが大事にしていたことの一つが、提供する物資など、できる限り現地の希望を確認することです。要望を聞いて、「温かい食事がほしい」と聞けば炊き出しをし、「子供たちの生活用品がない」と言われれば、その日のうちに手配して送ることにしました。

たとえば、「石けんがなくて困っている」と聞けばボディソープ１００本を送ったり、ツナ缶２４００個を提供して、被災者の方が仮設住宅へ移る際に自治体から渡してもらったりしたこともあります。さらに、家を津波で流され、何もかもを失くしてしまった方たちから、貴重品を入れる小さいバッグがなくて困っていると聞き、大量のショルダーバッグを贈った

思いついた旅

フェローシップ・エチケット委員　伊藤敬輔

昨年10月末に家族で那須高原に紅葉を見に行った。翌朝、ふとあることを思い出して、観光の予定を変更して福島県いわき市へ行くことにした。私が思い出したことは、在日インド人でゴルフ仲間の知人が東日本大震災の被災地でボランティア活動をしていることだった。

訪れたいわき市は震災から半年が経過していたので、街にはあまり変わった様子も見当たらず、人々の表情も普段の暮らしをしているように見えた。しかし、海岸に出ると視野に映る様相は一変した。防波堤が何百メーターも崩壊していた。そして見渡す限り雑草の生い茂る広大な平地があった。よく見るとそこにはコンクリートの土台が何個も何個も数しれず並んでいた。そして少し離れた高台ではブルーシートをかけた家の屋根に人々が上がって修理作業をしているのが見えた。

県道には多くのトラックが行き来していたが、海沿いの市道に入るとあちこちに陥没があり、道の両脇には瓦礫の山が続いていた。更に北へ進むと山崩れで通行止めになっていた。いわき市では三百余名もの方々が亡くなり、三十数名の方が行方不明になっていると街の方から聞いた。

テレビで見た被災地の状況も大変だったが、現地で見るとその被害の大きさに心が震え揺れ動いた。その場に立って黙祷をしようと思ったが、車から降りることも出来ず運転席でただ頭を下げるばかりだった。

いわき市訪問のきっかけになったのは、知人の在日インド人のチュガニさんという方が、被災地でボランティア活動をしていることだった。昨年10月2日にNHKの朝の番組「小さな旅」にチュガニさんが映った。彼は東日本大震災後、3月28日からボランティアの仲間を連れて被災地に入り、炊き出しを行っているという内容だった。この放送をご覧になった方もおられると思う。チュガニさんは放送のあった日までに宮城県気仙沼市などに10回以上行って炊き出しを行い、岩手県遠野市にはボランティア活動のためにワゴン車4台を寄贈していた。

チュガニさんは横浜市で貿易を営む会社の経営者であり、私の所属する三菱ロジスティックス研究会というグループのゴルフ会のメンバーでもある。彼の所属するゴルフ倶楽部ではHC15の腕前で、ドライバーがよく飛び、日本語の上手い明るい方である。

NHKの放送では、明治30年代にインドの方々が横浜市の山下公園に水飲場を寄贈したことも紹介していた。異国の方々の心温まる行為が昔も今も続いているのを知り、今回は観光旅行の予定だった私の家族も「思いついた旅」ではあったが東日本大震災の被災地を訪れて貴重な体験をすることになった。

「おおはたの 2012.6号 思いついた旅」で紹介されたボランティア活動

こともありました。このように国や自治体などの手が回らない、すき間を埋めるような形で、臨機応変に支援してきたわけです。

◎カレーを食べた避難者の「また来てね」の声に感激

こうして頻繁に被災地へ向かう私たちのために、東京江東区と横浜にあるインドの学校「インディア・インターナショナルスクール・イン・ジャパン（ＩＩＳ）」はスクールバスをドライバーつきで無料で貸し出してくれました。最初は自腹で片道1万円以上の高速代を支払っていましたが、横浜市の高速代が無料になるサービスを知り、活用。そこで、私たちはバスにガソリンを入れるだけでいいことになったのです。

そのバスに乗って朝５時に横浜を出発。片道７００kmを走って被災地入りしました。途中の高速道路は地震で傷つき、ボロボロに寸断された状態。そのため高速道路と一般道路を乗り降りしながらのドライブでした。

避難所に着いたら、この活動のために作ったオリジナルのエプロンをつけ、ご飯を自衛隊に炊いてもらい、いよいよインドカレーの炊き出しの開始です。

横浜のスーパーで調達したサラダや、フルーツ、クッキーなどを添えて、温かくておいしいカレーを配ると、避難者の方々はとても喜んでくれました。特にカレーが好きな子供たちは大喜び！　その子供もお年寄りも多くの方が、「おいしい！」と笑顔でカレーをほおばる姿を見ると、私たちもとても嬉しくなったものです。そこで喜んで参加する仲間がどんどん増えていきました。

友人たちは、私以外も日本語が堪能な人ばかりなので、避難者の方々ともいろいろな話をしました。「あの日、こんなことが起きた。そして、すべてを失くしてしまった」と、自分のつらい体験を語ってくれる人もいました。

カレーを食べたあと、多くの方が私たちに「また来てね！」と言ってくれたのも嬉しかったです。実際、何度も訪れた避難所では、顔見知りの避難者の方が「また来てくれたのねー」と喜んで声をかけてくれたこともあります。また、炊き出しが終わって帰るときに、被災者の方々と一緒に記念の写真を撮ったこともあるし、後日、お礼の手紙を何通もいただいたこともありました。

震災からかなりの月日が過ぎると、各地に仮設住宅ができ上がり、避難所にいた方々も次々に仮設へ移って行きました。そうして二度と会えない方も大勢いましたが、たとえ仮設であっても避難所を出て家に移れたということは、私たちにとっても喜ばしいことでした。

◎3人の有志から、いつしか150人の仲間の輪へ

ちなみに、もしも持参したカレーがあまると、それは私たちが持って帰らねばなりません。そんなときは、帰り道にボランティア・センターへあまったカレーを持って行くと、ボランティアの人たちが喜んで食べてくれます。そのためカレーを温めて食べられるように、持参の大鍋ごとあげて帰ったこともあります。

このように被災地でインドカレーの炊き出しを行なったのは、最初は私を含めて3人ほどのメンバー。ところが、スクールバスを借りられるようになると、インド人・日本人を問わ

ず志願者が増え、やがては希望者が150人にも。当初は、原発事故があった福島を通ることに不安を感じる人もいましたが、そのうち順番待ちの人気となりました。

一度の被災地遠征のためには30万円ほどのお金がかかりましたが、中には「30万円払うから、一緒に行きたい」と言う人もいれば、「子供も連れて行きたい」と親子で参加する人もいました。そこでスクールバスだけでなく、自家用車を運転して同行する人も増えたのです。また、学校の休みのときはバス2台を連ねて、インドの学校の子供たちが同行することも。その結果、この活動に参加した人員は計12ヶ国、150人に上りました。

このように被災地に足を運ぶうち、さまざまな現場担当者やボランティアの人々と知り合うようになります。あるとき、岩手の遠野市から「市内に宿泊しながら被災地で活動するボランティアの移動手段が足りない」と聞きました。そこで私たちは自動車を寄贈することを決定。1台30万円の中古のステーションワゴン2台を購入し、7月末に仲間と自ら運転して遠野市へ。市社会福祉協議会へ届けたのです。「これからの息の長い活動に、なくてはならない支援です」と喜ばれ、感謝状もいただきました。

◎本業そっちのけで9月まで続けた被災地支援

さらに9月11日にも、追加で2台のステーションワゴンを寄贈。これらの車はボランティアらを運ぶ〝足〟として活用されたそうです。私たちのこの活動はＮＨＫの紀行番組「小さな旅」や、神奈川新聞でも紹介されました。

さて、このように被災地支援の活動に全力を注ぎ続けた私たち。仮設住宅の建設が進むと、避難所での炊き出しの必要も減ったため、インドカレーの炊き出しは２０１１年7月23日が最後。それまでは頻繁な被災地遠征のため、本業の仕事もまともにできないほどでした。

そして、私たちユニバーサル・ブラザーフッドの被災地支援活動は、この9月11日のステーションワゴン追加寄贈をもって、一旦終了となりました。

ボランティアやチャリティ活動というものは、いわば子供が歩くのを助けるようなものです。子供が歩いてころんだとき、ただ助け起こすことが必要なのではありません。相手の状況を見極め、必要な助けを的確に行なうことが大切なのです。

実際に被災地へ足を運ぶ活動を終えても、義捐金が続く限り、各被災地へ5万円分の必要物資の提供も続けました。

最後に、ユニバーサル・ブラザーフッド日本支部の被災地での支援内容の全記録をご紹介しておきましょう。

3月28日　神奈川県立武道館に県が開設した避難所に、食料と生活用品の提供
4月3日　神奈川県立武道館にて、福島から避難してきている50名分のインドカレーの炊き出し
4月7日　神奈川県民センターに、生活用品と赤ちゃん用品の提供
4月8日　宮城県岩沼市へ被災地初訪問。3か所の避難所に、食料と生活用品（缶詰、薬、日用品、パンなど）の提供

4月17日　宮城県岩沼市の避難所（総合体育館、市民会館、農村環境改善センター）に、600名分のインドカレーの炊き出し。宮城県亘理町と名取市に、要望のあった生活用品と食料の提供
4月21日　宮城県名取市役所、多賀城市役所、亘理町役場、山元町役場、南三陸町役場に、要望のあった生活用品と食料の提供
5月14日　宮城県岩沼市の避難所（総合体育館、市民会館）に、400名分のインドカレーの炊き出し。石巻市ボランティア・センターに食料の提供
5月21日　宮城県七ヶ浜町生涯学習センターに、300名分のインドカレーの炊き出しと、食料の提供。東松島市にボディソープ100本の提供
5月24日　宮城県七ヶ浜町にツナ缶2400個の提供
5月28日　宮城県七ヶ浜町の七ヶ浜国際村に、300名分のインドカレーの炊き出しと、食料の提供
6月11日　宮城県美里町の南郷体育館に、200名分のインドカレーの炊き出しと、食料の提供

6月25日　宮城県美里町の南郷体育館に、婦人用・紳士用のバッグ100個の提供
7月2日　宮城県南三陸町の南三陸ホテル観洋の避難者に、700名分のインドカレーの炊き出しと、食料の提供
7月9日　宮城県南三陸町のニュー泊崎荘に、200名分のインドカレーの炊き出しと、食料の提供
7月16日　宮城県気仙沼市の気仙沼市立小泉中学校に、400名分のインドカレーの炊き出しと、食料の提供
7月23日　宮城県気仙沼市のサンマリン気仙沼ホテル観洋に、450名分のインドカレーの炊き出しと、食料の提供
7月30日　岩手県遠野市社会福祉協議会に、車（ステーションワゴン）2台の寄贈
9月11日　岩手県遠野市社会福祉協議会に、新たに車（ステーションワゴン）2台の寄贈

第４章　定年後の楽しみ方

――ふつう、65歳で定年しますが、私はまだがんばっています！

◎現在は週に５日、愛するスポーツに熱中！

１９７４年に私が初めて日本の地を踏んでから、すでに45年の歳月が過ぎました。考えてみれば、生まれ故郷のインドで過ごした年月よりも、日本で暮らした時間が倍以上になったわけです。

それだけ長い間、日本で一生懸命、仕事に打ち込んできた私は今年、68歳となりました。「Kelaish Electronics Pte Ltd.」の社長は息子のビノードに譲りましたが、今も私は現役でＧＭＣの代表取締役社長を務め、週に３日程度、会社に出勤しています。

家庭では妻のプーナムと二人暮らし。息子のビノードはシンガポールで「Kelaish」を守り、娘のスガンディーはアメリカで生活しています。私には合わせて4人の孫もいます。

人間にとって、働くことも大事ですが、定年後の人生もまた非常に大切です。私は今だ現役ですが、友人の中にはすでに定年退職した人も少なくありません。そうした人たちの現在の暮らし方を見ていて、さまざまに思うことがあります。そこで、この最後の章では、私が一般論として理想と考える定年後の生活について、お話いたしましょう。

私は以前から、ビジネスのかたわらスポーツも大いに楽しんできました。2001年に

ボーリング優勝時の打上げにて

は、それまでも続けていたゴルフやボウリングに加え、卓球も始めました。また純粋なスポーツと言えるかどうかはわかりませんが、2006年からはビリヤードも楽しんでいます。さらに2013年には横浜のスポーツクラブ「公益社団法人　横浜カントリー&アスレチッククラブ」（以後、「YC&AC」と表記）の理事長にも選任され、2年の任期を全うしました。

現在、私の1週間のスポーツ生活は、基本的に次のようなスケジュールになっています。

日曜日：卓球
月曜日：ボウリング

ビリヤードを楽しむチュガーニ氏(1993年、42歳)

人物風土記

クラブに企業経営手腕を

●公益財団法人化された横浜カントリー&アスレティッククラブの理事長を務める

イシュ・チュガニさん

中区豆口台在住　62歳

題字は
林文子 横浜市長

〇…中区矢口台の住宅街の一角に広がる広大な敷地。国際試合も行われるグラウンドやテニスコート、プールにレストランまで備えるスポーツクラブ「横浜カントリー&アスレティッククラブ」（通称・YC&AC）が2月に公益社団法人に認定された。昨年4月からクラブ理事長を務める。「146年の歴史を大切に、今後もスポーツ振興や国際交流、赤十字活動など、地元や横浜、そして日本の役に立つ活動を進めていきたい」と熱い眼差しで語る。

〇…インド出身で来日して40年。学生時代にテレビで大阪万博のニュースを見て「いつか日本に行ってみたい」と思っていたところ、就職した会社で日本に転勤の辞令。「運命だと感じたね」。横浜で貿易関係の仕事に携わり、1986年に独立。中区山下町で電気製品の輸出や日本企業のインド進出を手助けする会社を経営する。「最初に来たのは1月で日本の寒さにびっくりしたよ。でも横浜は本当に過ごしやすいところ。素晴らしい友人にも沢山めぐりあえた」

〇…東日本大震災では、発災直後から友人らとボランティアで15回にわたり被災地を訪れ、カレーの炊き出しや生活用品を提供。世界中の友人から寄付も集まり、昨年9月には岩手県遠野市で「移動手段が足りない」という悩みを聞き、車2台を寄贈した。「インドの格言で『困っている人を助ける喜びは受ける人の10倍』という言葉があります。困ったときはお互い様。今後も現地の要望に応じた支援を続けてきたい」

〇…子どもたちは独立し、今は妻と2人で暮らす。毎週末クラブでビリヤードやボーリング、卓球で汗を流す。仕事の合間を縫って平日もクラブに顔を出してスタッフと交流を深める。「この施設ができることはまだまだある。公益財団の名に恥じぬようスピードと経営感覚をもって運営したい。日本の皆さんにもオープンな施設なのでぜひ気軽に立ち寄ってもらえたら」

タウンニュース 2014年3月20日号 人物風土記

火曜日～金曜日：ゴルフ（いずれか２日）
土曜日：ローンボウルズ（芝の上で行なうボウリング）

このようにだいたい毎日スポーツをし、その合間に趣味としてビリヤードも楽しんでいます。

スポーツの中でも、やはり特に頻繁に行なっているのがゴルフです。週に２日はゴルフに行くので、１年にすると約１００回という計算になります。泊まりがけで出かけることもあり、コンペもよく行なっています。

◎ホールインワン３回！　ゲーリー・プレーヤーとゴルフも

これだけ励んでいるゴルフでは、ホールインワンの経験も一度ならずあります。２００９年にはドバイのモンゴメリーゴルフクラブで１回、２０１６年には京葉カントリー倶楽部と

Gen Mgr Japan Eddie Ong (left) and Gary Player (second right) celebrating with the winners, champion Mr Chugani (right) and Mr Ryuji Ogura of Overseas Trip Arrange Group, who was the second prize winner. *Picture courtesy TYO*

Tee off with world-famous golfer

TOKYO

A CHANCE to play golf with Gary Player, a world-famous professional golfer, had all our guests excited.

The golf competition for 57 SIA Priority Passengers in Japan was played at Manna Country Club in fine weather. Throughout the day, Mr Player mingled with them and also gave a golf lesson or two.

At the reception function held after the game, Mr Player was happy to note that the guests performed very well. Mr Ishwar Chugani of GMC Japan was the overall winner. Receiving his prize of a pair of First Class tickets to Singapore and a Dunhill watch, he exclaimed, "This is the best day in my entire life."

A special prize for "the player who makes the strongest impression, good or bad" went to Mr Eiji Tanaka of Tokyo Marine Insurance. Said Mr Player, who made the selection, "He is a superb gentleman — humble and has a very nice, big smile." The shy and unassuming Mr Tanaka was presented with a fruit hamper. — *By Yuriko Yamada, TYO.*

シンガポール航空ゴルフトーナメントに関する記事（1995年）

TAIHEIYO CLUB MEMBER & FAMILY

会員ご家族紹介

チュガニ・イシュワール・ムルリダール氏

▲チュガニ・イシュワール・ムルリダール氏ご家族

1986年に12年間勤務したインドの会社をやめ、現在の貿易会社、ジー・エム・シー・ジャパン・リミテッドを設立されたチュガニ氏だが、1974年にインドから日本へ貿易の仕事の為にやって来た時、彼はそれ迄ゴルフのプレーをしたことはなかったそうだ。友人の勧めでゴルフ練習場へ通いはじめたが、なかなか上達しなかったらしい。コースへ出てもしばらくはラウンド120が切れなかったが、ある日120を切って急に自信がついたという。

段々とゴルフが面白くなり、友人の紹介で太平洋クラブの会員権を購入された。

ゴルフ仲間は、チュガニ氏が在住する横浜の彼が通っているインターナショナルのスポーツクラブ、YC&AC（38ヶ国、1000家族が入会しているクラブ）のメンバー達が多い。そのクラブ仲間とは、ボーリングや、ローンボウリング、ビリヤードをよくされるそうだが、ゴルフコンペティションもしばしば開催されている。

「太平洋クラブは各地にゴルフ場があるので好きです。単一コースではあきてしまうからネ」とチュガニ氏は云う。太平洋クラブのコースは各コースを利用されるようだが、特に市原・相模へ行く回数が多いそうだ。

コースが素晴らしいことの他、料金的に仲間（ゲスト）を連れて行きやすいからだという。それに魚などなまものを食べることができない外国人には焼いてくれたり、油で揚げてくれたり配慮してくれると付け加えた。

現在、HDCP16のチュガニ氏は太平洋クラブ以外のコースでのプレーも含め、年間約70回程、ラウンドされる。

日本と海外でのゴルフの違いはOBを出した時、前進して打たなければいけないことで、違和感を感じるのはそれくらいらしい。

日本の各コースは一般的に外国のコースと比べると手入れが行き届いてるし、外国では、シャワールームがあるかないかもまちまちだが、日本ではお風呂があることが快適という。

また彼は、月例にも参加したいと思っているが、日曜日は宗教的にお祈りをしなければいけないので参加ができないと、残念そうだ。

「ゴルフは上手になればなる程、自分自身にプレッシャーを与えるゲームだと思います。例えば今日は80を切るぞと目標を立てるわけですが、数字を決めなければ80を切っても切らなくても楽しいわけですから、私は1つ2つのホールが悪くても他のホールが良ければ良しとする考え方のゴルフを心掛けています。ゴルフは仲間を増やすゲームだと思いますから」と流暢な日本語でご自分のゴルフ観を語って下さった。

太平洋クラブニュース　1997秋季号
会員ご家族紹介

南総カントリークラブでそれぞれ1回ずつ、計3回、ホールインワンを達成したのです。

ホールインワンの確率は15000ラウンド、6万ホールに1回といわれます。達成してしまうと仲間に食事をおごったり、プレゼントをしたりしなくてはなりません。そのために「ホールインワン保険」にも入っています。そうして食事をおごったというのに、ホールインワンを3回も達成した私は、やはりみんなに羨ましがられています。

さらに、1995年には、かのゲーリー・プレーヤーとゴルフをしたこともあります。ゲーリー・プレーヤーは、南アフリカ・ヨハネスブルグ出身のプロゴルファーです。アフリカから登場した初の本格的プロゴルファーであり、〝南アの黒豹〟と呼ばれました。メジャー大会では通算9勝を挙げ、男子ゴルフ史上3人目の「キャリア・グランドスラム（メジャー選手権全制覇）」を達成。ゴルフ界を代表する偉人の一人であり、世界ゴルフ殿堂の殿堂表彰者にも選出されています。

1995年11月21日、シンガポール航空が、そのゲーリー・プレーヤーを招いてゴルフ・コンペを主宰。私は出張でよくシンガポール航空を利用していたことから、このコンペに参加することとなったのです。

そして、私はなんと72名（18組×４名）の参加者の中で優勝を果たしたのです！　回ったグロス89、ネット71での第1位でした。優勝賞品として、シンガポールへのファーストクラスの往復ペアチケットとダンヒルの時計をもらいました。これに妻は喜び、「こういうのにもっと挑戦して！」などと言いましたが、この日は調子がいいというよりも、運がよかったのでしょう。

このゴルフ・コンペの結果は、シンガポール航空の新聞にもニュース記事として載り、ゲーリー・プレーヤーらとともに撮った写真も掲載されました。このときの記事で私は、「この日は私の人生における最高の日です」と語っています。

もちろん優勝そのものも嬉しかったのですが、私にとってはこの日、ゲーリー・プレーヤーにかけられた言葉が印象的で、今もとても大切なものとなっています。各組と1ホールずつ、計18ホールをプレーした彼は、私たちにこう言ってくれました。

「ゴルフは友達を作り、交友関係を広げる機会。もっとゴルフをして、仲間を増やしてください！」

まさに彼の言うとおりです。私はこれまでもゴルフを通してたくさんの人と出会ったし、今も多くのよきゴルフ仲間がいます。これはとても幸せなことだと思っています。

◎ローンボウルズとクリケットも楽しい趣味

さて、そのゴルフと別に、私は2016年からローンボウルズも始めました。このローンボウルズをご存じでしょうか？　日本ではまだあまりなじみのないスポーツかもしれません。ローンボウルズとは、その名のとおり芝の上で行なうボウリングで、ローンボウリングとも呼ばれます。イギリスが発祥で、ボウリングの前身とされ、オーストラリアやカナダ、ニュージーランドなど英連邦諸国で人気があるスポーツです。

ローンボウルズは、白い小さな目標球に向けて競技者が4個の〝ボウル〟を投げ、最も近づけられた者が勝ちというルールです。このボウルが重心の偏った、偏心球。だからカーブしたりするため、うまくいかないのが難しいところでもあり、面白いところでもあります。

現在、私が理事を務めているスポーツクラブ「ＹＣ＆ＡＣ」では年に一度、ローンボウルズの国別対抗戦を行なっており、毎回、12〜13か国のチームが参加します。やはり強いのはローンボウルズ発祥の国・イギリスのチームですが、我がインド・チームも一度優勝したことがあります。

また、クリケットも私の好きなスポーツです。バットとボールを使うため一見野球に似ていますが、芝の上で行なうもので、こちらもイギリスが発祥。やはりインドやパキスタン、バングラデシュ、スリランカ、オーストラリア、ニュージーランド、南アフリカ、ジンバブエ、西インド諸島などの英連邦諸国で競技人口が多く、ラグビーやサッカーと並ぶ人気を誇ります。

私がこのクリケットの大会を主宰するようになって連続10年目。インドの会社も協賛に付き、インド大使館やイギリス大使館を招待して行なわれる大会に、「ＹＣ＆ＡＣ」のチームとして参加しています。

ゴルフ仲間と(2016年)

ゴルフ仲間と(2017年)

ゴルフ仲間と(2018年)

◎ホーム・パーティではインドの太鼓　タブラを叩く

このようにスポーツを愛する私ですが、実は楽器演奏の趣味もあります。それは２０１１年から始めた北インドの太鼓、タブラです。これは、タブラまたはダヤと呼ばれる高音の出る小さな太鼓と、バヤと呼ばれる低音の出る大きな太鼓の二つがセットになった、珍しいタイプの太鼓。シタールと並んでインドを代表する楽器です。

左右の手でそれぞれの太鼓を叩くもので、〝世界一難しい打楽器〟ともいわれます。しかし、難しいぶん面白く、奥深い魅力があるのです。タブラは私の楽しみの一つであり、時間があるときに練習に励んでいます。

そもそも音楽というものには癒しの力があり、音楽を聴くことで気分転換ができます。自分を元気づけたり、リラックスしたりすることができるのです。聴くだけでももちろんいいですが、自分で演奏ができると、もっと楽しくなります。

演奏するなら、ピアノでもギターでも何でもいいでしょう。たとえ上手でなくてもいいのです。どんな楽器でも、手や指、耳、脳などのいい運動にもなります。なぜなら楽器を演奏するには、その機能のすべてをバランスよく動かして、調和させなければならないからです。

それに一緒に演奏したり、聴いてくれたりする友人がいれば最高です。私も自宅でパーティを開いたときに歌を歌いながら、演奏を披露して楽しんでいます。インド人は元来、パーティが好きです。ベジタリアンもいるし、人それぞれ食べる量もまちまちなので、レストランなどで外食をするよりも、持ち回りでホーム・パーティをするほうが好まれるのです。そんなときに楽器の演奏は楽しい余興として、ぴったりです。

◎定年後の人生で最も大切なもの、それは「時間」

さて、このような暮らしを送る一方、すでに定年した仲間を眺めるなかで、私にはいろいろと思うところがありました。中でも最も痛感したことがあります。

あなたは、定年後に一番大切なものは何だと思いますか？　健康でしょうか？　それとも、お金？　やはり家族だと思いますか？　それとも友人？　そのどれも、もちろん大事です。でも、私は一番大切にしなければならないものがわかりました。

定年後に最も大切なもの、それは「時間」です。

定年直後は、時間はありあまるほどあると思えるかもしれません。しかし、当然ながら、それは確実に減っていくものです。いくらお金があっても、時間は金で買えません。だから、定年後は「時間」が最も貴重であり、一番大切にしなくてはならないものなのです。

私が現在、会社へ週3日程度のみの出勤としているのも、そのため。自分の大切な時間を、好きなときに好きなように使いたいからです。定年退職までは、時計に従って行動しなければなりませんが、**定年後は自分のしたいことを優先し、時計をそれに合わせて行動すべき**だと思うのです。

だから、ゴルフでもローンボウルズでも友達から誘いがあったら、私はできる限り断わりません。たとえそれが急な誘いであっても、です。

「明日、ゴルフ、どう?」

「いいよ!」

そんなふうにすぐにOKします。相手の希望が「明日」なら、私はそれに合わせます。たとえそれが「明日」でなく「今日」でも同じことです。

それは自分の時間や楽しみ、友達を大切にしたいからでもありますが、それ以外の理由もあります。そのうちに、たとえ行きたくても、体が言うことをきかずに動けなくなり、行けなくなってしまうかもしれないからです。

年を重ねれば、誰でも体が弱ります。車でも、新車は軽く100kmのスピードで走るのに、ボロ車は満足に走れもせず、修理しようにもすでに部品がない状態であるのと同じです。さらに人間は目が悪くなれば、ゴルフのボールもローンボウルズの目標球も見えなくなってしまいます。同時に、脳の機能も衰えていくことでしょう。

そうなったら、ゴルフもローンボウルズも楽しめなくなってしまいます。だから、元気な今のうちに、できるだけ仲間と一緒に楽しみたいと思うのです。

◎退職しても「節約」「倹約」ばかりではいけない

では、ここからは、「時間」が最も大切であるという前提を踏まえた上で、さらに私が定年後の生き方として重要だと感じたことをお話ししていきます。

まず、退職したら、お金のことが気になる人もいるでしょう。実際、定年後にはお金を節約する人が多いようです。でも私は、「定年後は現状維持のためにお金を遣うべき」だと考えています。定年して収入が年金などだけになると、つい「もったいない」という気持ちが強くなりがちですが、それで果たして幸せなのでしょうか？

ゴルフ場でも、「節約、節約」という言葉を聞くことがよくあります。「妻がチラシを見て、安いスーパーに行くようにしている」などという話もよく聞きます。ところが、そんなふうに細かいところでケチケチしているわりに、ゴルフ場を予約するときに料金を値切ろうとすることはありません。私は小さな部分ではケチりはしませんが、ゴルフ場では値切りの交渉をします。そして見事、成功しているのです。

また、節約のために、理髪店に行く頻度を3週間に1度から、4週間に1度などに減らす人もいます。私が理髪店へ行くのは昔も今も変わらず、3週間に1度。「チュガーニさん、そんなに髪の毛がありますか？」などと冗談半分に言われることもありますが、私はこう言い返します。

「あなたこそ、床屋に行くのを節約するから、おじいさんに見えるよ！（笑）」

理髪店に行くお金をケチったために、白髪が伸びて目立ったりして、実際に老けて見える人は少なくありません。

また、節約・倹約のために、古い服をなかなか捨てない人もいます。でも、クローゼットの面積は限られているので、服は処分しないと新しいものを買えません。だから、私は自分が処分したい服があれば、サイズの合う人にあげるようにしています。こうして毎年、服を買い換えているのです。

◎惜しみすぎずバランスよくお金を使うことが大切

なぜなら、たとえばシャツを10枚持っていたとしても、よく着るものは気に入った2～3枚ではありませんか？　それならば着ないものを置いておいても意味がありません。それに流行が変わって、襟の大きさや形が古くなったものは、着ても自分をベストに見せてはくれません。

中には、高いお金を払ってゴルフをしているのに、服は古いもののままという人もいます。いくらお金を持っていても、それを遣わなければお金持ちには見えません。それならば、ある程度はお金を遣って、自分を素敵に、ベストに見せるほうがいいのではないでしょうか。

インドには、「若くてお金に余裕がなかったときには買えなかったバターを、年を取って余裕ができてから買ったところで、すでにそれを楽しむ歯はない」ということわざがあります。つまり、まだ歯があるうちに、お金を遣い、おいしいものも楽しむべきだということです。

インドでは日本の60歳や65歳よりもっと早く、55歳になったら、みんな働きません。それでも孫や子供たち、家族との時間を大切にして、のんびり幸せに過ごしています。

ところが、日本人の多くは時間をそのままのんびり使わずに、その時間を常に何らかの方法で「金」に替えようとしているように見えます。でも、いくらお金を貯めても、増やしても、それはお墓にまで持って行くことはできません。だから私は、**お金は惜しみすぎずにバランス感覚を持って支出したほうが、楽しい人生が送れる**のではないかと思うのです。自分で使った金は自分の金、作っただけの金は自分の金じゃない。お金は使って初めて自分のものになる。お店の陳列ケースに並んでいる腕時計は、お金を使って自分のものになるのです。

◎若いうちから仲間を作って老後を楽しく過ごすべき

私が、人は定年してもバランスよくお金を遣ったほうがいいと思うのは、支出を惜しむと、安定した収入のある若い人たちと隔たりができてしまうからでもあります。

若い人と交友関係が築けていれば、日本の現状や流行についての新しい情報を得ることができるでしょう。逆に年配の人とばかりつき合っていると、話題は孫や薬、病気や医者の話ばかりになってしまいます。若者とつき合おうとしたら、こちらが食事をごちそうしてあげなければならないので、高くつくかもしれません。しかし、そのお金をケチると、若い人と会う機会がなくなってしまいます。だから支出を惜しんではいけないのです。

また、私が定年後の同世代を見ていて強く思うのは、**「若いうちに多くの友人を作ることが必要」**だということです。年を取ると、新しい友人を作ることが難しくなります。さらに年を重ねるにつれて、友達は引っ越したり、外国人なら帰国したりして減っていってしまいます。またときには健康を損ねたり、亡くなってしまったりすることもあるのです。

今、ゴルフ場でよく感じるのは、日本人は4人などグループを作ると、ほかの人とはなかなかプレーをしないということです。しかし、仲間はどんどん減っていきます。ゴルフは目が悪くなったり、運転ができなくなったりしたら、することができません。そんなふうに仲間が減っていったら、いつか一人ぼっちになってしまうかもしれません。そう考えると、若いうちから、できるだけ多くの友達を作っておいたほうがいいと思うのです。

そのためにも、**若い頃から「趣味を持つこと」が大切**です。趣味があれば自然と仲間ができます。私の場合はゴルフなどスポーツが主ですが、スポーツが苦手なら映画鑑賞でも社交ダンスでもカラオケでも、何でもいいでしょう。

◎今、楽しめるうちに楽しもう！

若いうちに仲間を増やすことが大切だ、と先に述べましたが、今、楽しめるうちに楽しむこともまた重要だと、私は考えています。その理由を、ある有名な昔話を例に説明しましょう。

カイロス時間とクロノス時間という概念をご存知でしょうか？　あまり聞き慣れない言葉ですが、浦島太郎が経験した二つの時間感覚だと言えば、ピンと来る方も多いと思います。

浦島太郎は竜宮城生活が非常に楽しく、時を忘れていたことに、地上に戻り玉手箱を空けた時に気がつきます。この、竜宮城で時を忘れる程に早く感じた時間がカイロス時間（主観的時間）、実際に流れていた時間をクロノス時間と言い、浦島太郎と同様、楽しんでいる時にはカイロス時間は速く進むものなのだそうです。逆も然りで、つまらないと感じている時、カイロス時間の進みも遅くなります。

さて、自ら楽しもうと動くことで速く感じられるカイロス時間ですが、逆に遅く感じてしまう日は、嫌でも来てしまいます。それは、歳を取り、病気をしたり、身体が思うように動かせなくなったりした時です。この時に、時間があっという間に過ぎる程、楽しみたい！と考えても、それは今程簡単にはいかないはずです。そう考えると、今、楽しめるうちに楽しまなければもったいない！という思いが更に強くなるのです。

◎現役の人も定年後の人も、60代の今こそ大切に！

時間の感じ方について、もう一つ。

人は20代より30代、更に40、50、60代と、年代を増すごとに時間を速く感じるようになるものです。それまでの積み重ねで付き合いも増え、色々な場所に顔を出したり人を招待したりする機会が多くなるためです。60を超えると、講演会に呼ばれて忙しく過ごす人もいるでしょう。年を感じるには、まだまだ早いです。また、忙しくなる一方で自分自身の作業スピードが遅くなることも、60代でより時間を早く感じる理由と言えるでしょう。Eメールを送る作業も、以前は5分で出来ていたものが10分に。車の運転スピードも遅くなります。

このように、年を追う毎に時間の感じ方が速くなるとすると、70代はどうなるのでしょうか？　ここへ来て逆に遅く感じるようになると、私は思います。70代ともなると、知人や友人が減っていき、物事への興味も薄らいできます。ここでスポーツをやめてしまう人も多いでしょう。寂しくなります。病気で入院をしてしまえば、その時間はより長く感じられることでしょう。

このように考えると、60代の今こそが、時間を速く感じ楽しめるピークだと言えるのではないでしょうか？　そんな時期に来ても、何とか頑張って利益を作りたいと、お金ばかり貯めるけれども、そのお金を使う時間がないと言う人がいます。確かに、いくつまで働いて、いくつから人生を楽しむのかは人それぞれです。ですが、そのまま突っ走って70代になり、いつ、楽しめるのでしょうか？　60を超え、年金だってもらえているのです。今を楽しみましょう！

ところで、70代になっても先に述べたように寂しくなっていない人を見ると、やはり若い頃からスポーツを嗜んでいる方が多いように感じます。今まだ何もやっていないという方も、老後に向け、何かを始めてみては如何でしょうか？

◎どんどん外に出かけて、いろいろな人と話そう！

退職後、「売るほど時間があるのに、誰も買ってくれない」と嘆く人がいますが、そんなふうに悲観せず、その時間を趣味にあてればいいのではないでしょうか。それを仲間とともに楽しめば、より楽しい人生が送れるし、昨今問題になっている孤独死などのリスクも減るだろうと思うのです。

家族がいるから友達は必要ないと思う人もいるかもしれません。しかし、家にいるだけでは自分も家族もストレスがたまってしまいがちです。定期的に外出し、新しい情報を与えてくれる、いろいろな人と会うべきです。70歳を超えると、日本でもインドでもほかの国でも、人は寂しくなるものです。友人だけでなく親戚なども年を取り、減っていくからです。これは万国共通の老後の悩みでしょう。

だから**自分からどんどん友達に連絡して、会う**ようにしましょう。「電話やメールをしたら、迷惑じゃないだろうか」などと心配する必要はありません。そんなくよくよした気持ちもまたストレスになってしまいます。

最近は、パソコンやスマートフォンが普及し、人と人とのコミュニケーションもメールやSNS経由で、大変便利な世の中になりました。しかし、本当に忙しい人はメールを見る時間もありません。『メールを送ったけど読んでくれた?』『読んでないよ』と言われたこともしばしばあります。結局、人と人とは直接会って顔を見て話すことが大切だと思います。

私は週に一度、ユニバーサル・ブラザーフッドによるお祈り(Spiritual Gatherings)にも参加しています。本国インドでもグループごとに毎週お祈りをしますが、週に一度、1~2時間でも集まって、お祈りをしたり、話をしたりするのはとても大切なことです。宗教の集まりに限らず、コミュニティの活動に参加して、地元の友人を増やすのもいいことではないでしょうか。

◎投資や貯蓄はやりすぎるとプレッシャーやストレスに

一方、退職後に貯蓄を投資に回し、手元の貯蓄を増やすために働き続ける人もいます。仕事を辞めて収入がなくなり、「お金がなくなったら大変だ」と心配になるからでしょう。**投資や貯蓄はもちろん悪いことではありませんが、それがプレッシャーやストレスになると逆効果**です。

私の知人にも投資で「損した、儲けた」と一喜一憂している人や、株で１０００万円も損をした人がいます。儲かればいいですが、損をしたときのショックは非常に大きいようで、そのせいで不眠症になる人もいます。若い頃は少しくらいの損やショックも勉強になりますが、年を取ってからではダメージが大きすぎるので注意しなければなりません。

それに貯蓄したお金はいつ遣い、楽しむのでしょうか？　**お金の〝奴隷〟になってはいけ**

ません。お金の〝オーナー（持ち主）〟になるのではなく、〝マスター（ご主人）〟にならなければいけないのです。せっかく働いて貯めたお金によって、自分自身が奴隷になってはモトも子もありません。

だから、今あるお金を無理に増やそうとせず、貯め込みもせず、そのお金を楽しく常識的に使うのが一番だと、私は思います。

お金を楽しく遣うなら、私が好きな温泉旅行もおすすめです。最近行ったところでは有馬、下呂、箱根……。リゾートの会員になっているので、優待価格で利用できるのです。このような**自分のための〝投資〟を上手にすることが大切**だと思います。

◎絶対にお金やモノの〝奴隷〟になってはいけない

先ほど「お金の〝奴隷〟になってはいけない」とお話しました。しかし、お金だけではありません。人間はあくまでも、それが何であれ、**〝モノ〟の奴隷にもなってはいけない**のです。

たとえば、みんなでお酒を飲んでいるとき、「このボトルがなくなるまで帰らない！」などと言う人がいます。そんなとき私は言うのです。「酒の奴隷や！」。お酒でもパチンコでも、自分で自分をコントロールできなくなったら、それは〝奴隷〟になっているということです。最近は〝スマホの奴隷〟も少なくありません。道を歩いているときでもスマホを見なければいられなくなったら、それは奴隷です。私はスマホを家に忘れてきても大丈夫。逆に、電話がかかってこないので静かでいいと思うくらいです。

お酒もパチンコもやりすぎはよくありませんが、一番悪いのはギャンブルです。ギャンブルの奴隷になり、負けては損を取り戻そうと悪循環を重ね、遂には自殺に追い込まれる人もいます。ギャンブルのお金を消費者金融などで借り、それがふくれ上がって追いつめられ、家族にも誰にも言えずに思いあまって死を選ぶ人も多いのでしょう。

インド人は日本人と違い、平気で親戚や兄弟からお金を借ります。「金持ってるだろ？貸してくれ」と互いに融通し合うのです。それを家族に隠したりもしません。貸したほうも自分の父や妻にちゃんと報告します。そんなふうに借金に対してオープンなためか、借金を苦に自殺する人は少ないのです。

ちなみに、インドでは、〝オレオレ詐欺〟〝振り込め詐欺〟なども通用しません。なぜなら、もしも「○○だけど、会社の金を使い込んでしまって、弁償しなければならないので、お金を送って」などと、息子を騙る電話が来たとしたら、インド人ならそのまま信じ込んだりしません。実際に息子に会い行きます。私ならば、飛行機に乗って外国へまでも会いに行くでしょう。日本人もそれくらいの気持ちを持ったほうがいいのではないでしょうか。

◎大相撲に朝の連ドラ……私の楽しみはいっぱい

現在の私の生活には、今までお話したこと以外にも、いろいろな楽しみがあります。その一つが相撲です。私は相撲が大好きで、両国の国技館までわざわざ観に行くこともあります。北の湖部屋の千秋楽パーティに出席したこともありました。

インド人である私が、そんなふうに相撲について詳しく話すと、ほとんどの日本人は驚きます。私としては、「え？　こんなことも知らないの？」と思うようなことばかりですが……。また、私にとってはＮＨＫの朝の連続テレビ小説〝朝ドラ〟も、毎日の楽しみの一つです。歴代の朝ドラを見てきましたが、２０１１～２０１２年に放送された「カーネーション」はよかったですね。大阪を舞台に、尾野真千子さんがファッション・デザイナーの〝コシノ三姉妹〟の母・小篠綾子さんを演じたドラマです。

朝ドラは関東と関東以外の地方が交互に舞台となりますが、関西が舞台のときは関西弁を覚えるのにもうってつけです。私がパナソニックなど大阪の電気メーカーとよく仕事をし、キタの新地で飲んでいた頃、朝ドラで学んだ関西弁が役に立ちました。

インド人の私が「儲かりまっか？」と話を切り出すと、相手は「なんで関西弁をしゃべれるんですか!?」と驚いたり、喜んだり……。そのおかげで商売が決まるのが早かったことも何度もあります。

ちなみに、インドにたとえると、関西はムンバイに、関東はニューデリーに似ています。ムンバイはおしゃれな人が多い街で、みんなファッションや映画、商売の話が好きです。一方、ニューデリーの人は勤勉で真面目なので、政治の話などを好みます。朝ドラを見ていると、インドと日本のそんな類似点にも気づくこともできて、面白いのです。

さらに、私は現在、日本外国特派員協会の会員にもなっています。「公益社団法人日本外国特派員協会」は、日本に派遣されている外国報道機関の特派員とジャーナリストのために運営されている社団法人の会員制クラブ。日本における「外国人記者クラブ」です。ニュース番組やワイドショーなどで、時のニュースの主役がこの外国特派員協会で記者会見をしている映像を見ることがあるでしょう。

会員になると、この記者会見に参加することができるのです。そこで、世界や社会のニュースや情勢にうとくならないように、私も可能な限り記者会見に足を運ぶようにしています。

◎友達がいて趣味がある日本で人生をまっとうする

さて、ときどき人から、こんなふうに質問されることがあります。

「これまでに、インドへ帰りたい、帰ろうと思ったことはないのですか？」

もしも、自分のビジネスがうまくいっていなければ、そう思うことがあったかもしれません。しかし、幸いなことに今まで、それはただの一度もないのです。

確かに、独立してＧＭＣを設立したときは、「３年間はがんばろう」と決めていたものの、「でも、もしもだめなら、インドへ帰って新しくビジネスをしようか」と考えていたのも事実です。しかし、初年度から利益を出すことができて自信が持て、それ以降は順調に事業を展開することができました。そのためインドへ帰るという選択肢はなくなったわけです。

そう答えると、次にはこう訊かれることもあります。

「では、これから帰るつもりは？」

いいえ、私はインドに帰るつもりはありません。なぜなら、私は日本で成功したからです。インドでは昔から、人が死ぬと火葬後、ガンジス川に流します。日本のように骨を埋めるという風習がありません。そこで私は、自分が死んだときは、インドの祖先にならって、遺灰を山下公園の近くの海に投げてほしいと思います。

そう、日本は私にとって第二のふるさとであると同時に、生涯を過ごす国となったのです。

私はこれからも日本で働き、遊び、友達と語らい、家族を大事にしていきます。そして、楽しく充実した人生を謳歌したいと思っています。

著者紹介

アイ・エム・チュガーニ

1951年　南インド、タミル・ナードゥ州チェンナイに生まれる。

1973年　チェンナイロヨラ大学商学部卒業。

1974年　来日し、日本の電器製品を扱っていたインド系会社に就職。

1986年　独立し、(有)ジーエムシージャパンリミテッドを設立。日本の企業社会に溶け込み、初年度から黒字を達成。その後も事業を徐々に拡大させ、最盛期は5000万円の所得税を支払うまでに。

2011年　東日本大震災の被災地を支援するため、延べ5000人以上の被災者にインドカレーの炊き出し、食料や生活必需品を届ける。

2019年　現役で仕事を続けながら、趣味のゴルフ、ビリヤード等を楽しんでいる。成功した日本に骨を埋めるつもりで人生を謳歌している。

日本で成功する秘密

―ゼロから成功したインド人―

著　者　アイ・エム・チュガーニ

発行日　2020年2月4日

発行者　高橋 範夫

発行所　青山ライフ出版株式会社

〒108-0014 東京都港区芝5-13-11 第2二葉ビル401

TEL：03-6683-8252

FAX：03-6683-8270

http://aoyamalife.co.jp

info@aoyamalife.co.jp

発売元　株式会社星雲社（共同出版社・流通責任出版社）

〒112-0005 東京都文京区水道1-3-30

TEL：03-3868-3275

FAX：03-3868-6588

ISBN978-4-434-25360-7